유 아 인 성 교 육

안 영 진 지음

창지사

머리말

현대사를 디지털시대, 지식기반사회, 정보화시대, 대중문화의 시대로 이야기한다.

고도의 테크놀로지의 발달은 편리성을 주는 대신 인간의 정서적 기능을 마비시키고, 소통의 통로를 제한시키기도 한다. 인성교육이란 사람의 성품을 교육시키는 것이다. 이러한 시대에 있어 유아기의 인성교육은 유아가 미래사회를 위해 보다 바람직한 자아상을 확립하고 자기 정체감을 찾아가며 친사회적으로 사회화되어 가는 과정에 더욱 절실하고 중요한 일이다.

우리나라의 학교교육이 지나친 지식 위주의 교육과 입시준비의 교육, 상위학교를 위한 준비 단계로 흘러간다는 것은 매우 우려할 일이다.

특히 유아기는 사회교육에 첫발을 딛는 시기로, 대인관계 기술 및 자아실현을 위한 중요한 시점이다. 그러므로 유아기의 인성교육의 중요성은 아무리 강조해도 지나침이 없다. 이러한 인성교육의 성격과 목적 그리고 방법에 대하여는 여러 가지 관점에서 연구되어질 수 있으며, 철학적 또는 윤리학적 관점에서도 연구될 수 있을 것이다. 다른 한편으로는 사회학적 관점에서도 논의될 수 있다. 그러나 필자는 이 책을 주로 심리학에 기초를 둔 생활지도의 관점에서 인성교육의 성격을 논의하고 인성교육의 목적 및 내용, 인성교육의 방향, 학문적 이론 등을 설명할 것이다. 이 책은 실제로 유아교육을 담당하고 있는 교사와 학생들에게 인성교육의 방법을 제안하기 위하여, 영유아 인성교육에 대하여 쉽게 구체적으로 서술하려 하였다.

본서는 제1부에서 새로운 인성교육의 이론을 다루어 인성교육의 의미와 이론적 배경을 살펴보았으며, 제2부에서는 영유아의 인성교육에 대하여 실천내용을, 제3부에서는 인성교육의 실제편으로 타인 인식 능력과 정서 인식 능력, 문제 해결 능력 등을 다루어 주었다.

막상 출판하고자 하니 부족한 면이 많음을 느낀다. 이러한 부분들은 앞으로 계속 더 연구하여 보완해 나갈 계획이다.

끝으로 본서를 집필하는 과정에서 실제 활동편의 구성을 위하여 유아교육 현장의 활동자료를 도와주신 그림유치원 원장님, 뿌리유치원 원장님, 양지유치원 원장님들께 감사의 마음을 전한다. 또한 이 책을 출판하는 데 많은 협력과 도움을 주신 도서출판 창지사 사장님과 직원들 모두에게 감사드린다.

2010. 4

행원동산에서 봄을 기다리며

저자 안영진

차례

Part1 새로운 인성교육의 이론

차례

차례

Part3 실제편

Part

1

새로운 인성교육의 이론

제1장 인성교육의 의의
제2장 인성교육의 이론적 배경

제 1 장

인성교육의 의의

인성교육이 무엇인지에 대해서 많은 학자들은 생각의 방향과 내용이 매우 다르다. 1960년대 중반 이후 미국에서의 인성교육은 도덕적 가치나 인성덕목을 직접 가르치기보다는 합리적 의사결정 과정, 도덕적 추론, 가치명료화교육이 주류를 이루었다. 1980년대 이후 사회의 급속한 변화와 이에 따른 전통가치의 붕괴, 가정 해체, 청소년들의 일탈행동의 증가는 미국사회를 보수화로 회귀시키면서 전통적 인성덕목교육의 재등장을 낳게 하였다. 그러나 미국사회의 도덕성이 예전에 비해 뒤떨어졌다고 하여 1990년부터 인성교육은 도덕교육으로 복귀하게 되었다.

인성교육에서 도덕적 추론교육과 가치명료화교육 등 인지적 접근방법이 퇴조하고 있으며, 이의 대안으로 과거의 위대한 전통적 인성덕목 살리기 교육이 널리 보급되고 있다. 보편적 가치 추구와 더불어 인성에 대한 정의적 접근이 강화되었고, 협동학습, 프로젝트 학습 등 협동을 요하는 교육방식이 강화되면서, 인성교육에 대한 구체적 학습지도안이 교사에 의해 구안되고 시행되고 있다. 그리고 가정과 학교, 지역사회가 연계된 지역사회 봉사활동, 자원봉사 등 실천과 체험 위주의 인성교육이 강화되고 있다.

이러한 인성교육 방식에 대해 일부에서는 인성덕목 주입 위주의 교육이 될 수 있다는 우려와 비판의 소리가 나오고 있다. 미국의 인성교육 덕목은 개인이 주체가 되고 있는데 비해 우리나라의 인성교육 가치와 덕목은 개인보다는 공동체에 더 많은 비중을 두고 있어서 덕목의 강제주입식 교육이 될 우려는 미국보다 훨씬 더 높다.

2010년부터 교육과학기술부는 창의적이고 배려심 있는 인재 육성을 위해 유치원과 초 · 중 · 고교 교육과정에 '창의 · 인성교육과정'을 마련하려고 계획하고 있다. 우선, 유치원의 교육과정을 기본과정과 종일과정으로 구분, 기본과정에서는 기초인성 확립과 체험 · 놀이 중심의 교육과정을 구상중이다. 또 배려와 공동체 의식, 창의성 · 개방성 등을 자연스럽게 배울 수 있도록 유아 대상의 창의 · 인성 프로그램도 개발할 계획이다. 이러한 정책들은 인성교육이 중시되고 있음을 보여준다.

1. 인성교육의 의미

인성에 대한 해석을 종합해 보면 인성이란 '사람이 여러 가지의 환경에 대하여 제각기 반응하는 일관적인 행동의 구조와 특성'을 가리킨다. 또한, 인성이란 보편적으로 성격이나 성품으로 해석한다. 성품이 사람의 마음 바탕인 성질과 사람된 모습을 말하는 품격으로 설명되므로, 인성은 사람의 마음과 사람됨이라는 두 가지 요소로 이루어진다고 할 수 있다. 한편으로는 인간의 본성 또는 태어나면서 타고난 심성으로 해석하기도 한다(한국교육학회, 1998).

인간의 본성으로 해석하는 입장으로 보면, 인성교육은 학습자가 태어나면서 지니고 있는 본성을 실현하도록 촉진하는 활동 또는 과정이라고 할 수 있다. 인간의 본성에는 인지적인 면과 정서적인 면이 있기에 인성교육에서는 이 모두를 포괄하여 자기 자신의 본성에 대한 정확한 인식과 확신을 가질 수 있도록 해야 할 것이다.

이에 대해 교육부에서는 인성교육을 '도덕성, 사회성, 정서를 포함한 바람직한 인간으로서의 성품을 가지도록 하는 교육'이라고 풀이하고 있다. 이에 따른 실천 위주의 인성교육을 강조하면서 물질보다는 인간을, 자신보다는 이웃과 나라와 세계를 더 생각할 줄 아는 이타적 정신과 기본생활습관, 민주시민의식 및 세계시민의식을 함양하고 건전한 가치관을 가지고 성장하도록 인성을 중시하는 교육을 할 수 있도록 하고 있다. 결국 인성교육이라는 말은 성격교육이라고 하기보다는 인간성을 기르는 교육, 또는 인격을 함양하는 교육으로 해석할 수 있으므로 사람을 사람답게 기르는 교육이라고 할 수 있다.

요약하자면, 인성교육은 인간의 본성과 관련한 것으로 학습자로 하여금 건강한 민주시민으로 성장하고 타고난 본성을 실현함으로써 보다 풍부하고 자유로운 삶을 살 수 있도록 하기 위한 교육적 경험을 제공해 주는 것이라고 정의하고 있다(한국교육학회, 1998). 인성은 전인적인 인간교육을 위한 필수적인 과정활동이며, 이 때 다루어야 할 구체적인 내용으로는 자신의 본성에 대한 정확한 탐색과 인식, 자기이해, 자기수용, 자기개방, 인간관계, 도덕성 함양, 사회성 함양 등을 꼽을 수 있을 것이다(김기수, 2000).

2. 인성교육의 필요성

1) 발달 심리적 측면

발달은 환경과 개체의 상호작용에 의하여 이루어진다. 특히 청소년들이 성장과정에서 경험하는 것들은 그것이 쌓이고 쌓여서 습관이 되고 성격이 된다. 즉, 인성은 어떤 경험을 하느냐에 따라 크게 변화되고, 그 사람의 삶의 방향과 도덕적 행위의 질적 수준도 이에 따라 결정된다. 그러므로 보다 나은 경험을 할 수 있는 의도적인 실천 위주의 인성교육은 중요한 과제이다.

2) 개인적 측면

사람은 누구나 인간으로서의 존엄과 가치를 가지며, 행복을 추구할 권리를 가지고 있다. 그러나 인간은 다른 사람들이 나를 존중하고 인정해 줄 때 최대의 행복을 느끼게 마련이다. 따라서 다른 사람을 존중하고 다른 사람에게 폐가 되지 않도록 예절과 질서를 지키고 서로 도우며 더불어 행복을 찾도록 하는 교육은 개인의 행복을 가꿔 주는 기본이 된다.

3) 사회적 측면

그동안의 급속한 경제 발전의 역기능으로 가치관의 혼란과 사회 병리 현상이 가속화되고 있다. 즉, 전통적인 가치의 상실, 도덕성의 상실 등은 점점 심해지고 있으며, 이는 우리 사회를 병들게 하는 원인이 되고 있다. 아울러 이와 같은 사회 현상이 그대로 청소년들에게 노출되어 앞으로의 사회 혼란도 걱정이 될 수밖에 없다. 그러므로 풍요롭고 사랑이 넘치는 사회를 만들기 위하여 인성교육은 강화되어야 한다.

4) 민족 · 국가적 측면

선진 국민일수록 자기 나라의 역사를 소중히 여기고, 자기 나라에 태어난 것을 자랑으로 여기고, 자기 나라의 문화를 계승 · 발전시키려고 힘쓰고 있다. 그러나 오늘의 사회는 세계화 · 개방화의 물결 속에서 외래 문화를 무분별하게 수용하여 우리의 주체성을 상실하지 않을까 염려되기도 한다. 따라서 우리의 전통문화를 계승 · 발전시키고 공동체 의식을 높이며 교육과 민족의 동질성을 높이는 교육은 우리 민족의 뿌리를 튼튼히 하는 것이며, 이는 곧 국가 발전의 원동력이 된다. 그러므로 실천 위주의 인성교육은 민족과 국가의 발전을 위하여 강화되어야 한다.

[그림 1-1] 민족국가적 측면에서의 공동체의식 함양

3. 인성교육의 목적

인성교육의 목적은 항상 다른 사람을 사랑하고 존중하고 위하는 마음을 갖도록 하는 데 있다. 그리하여 다른 사람에게 피해를 주지 않고 다른 사람을 위하는 말과 행동을 하고, 나아가 다른 여러 사람에게 도움이 되는 일을 하는 사람, 그리고 이와 같은 삶을 사는 것을 행복으로 여기는 사람을 기르는 데 있다. 다른 사람에게 도움을 주려면 내가 가진 것이 많아야 한다. 이를 위해 인성교육은 가슴속에 사랑과 공경과 이타심이 넘치게 해야 하고, 머릿속에는 호기심과 탐구심, 개방성이 넘치게 해야 하며, 몸에는 인내와 체력과 아름다움이 넘치면서 항상 바른 말과 바른 행동을 하도록 하여 이것이 습관이 되도록 해야 한다. 그리고 그것을 얻기 위하여 스스로 열심히 노력하고, 나의 성장과 우리의 발전을 긍지로 여기는 마음이 가득하게 해야 한다.

4. 인성교육의 내용

1) 인간관계

인간관계를 원활하게 하기 위해서는 자기에 대한 이해가 우선된다. 자기이해, 즉 통찰은 자신의 능력, 성격, 신체적 조건 등을 정확하게 파악하는 것이다. 자기를 이해한다는 것은 가장 쉬운 과제 같지만 실제로는 그렇지 않다. 자기 이해는 종종 자아의 관여로 막히는 경우가 있다. 여기에서의 자아(ego)란 자아 존중감을 의미한다. 따라서 인간관계에 우선되어야 할 것은 자신의 지적 능력, 적성, 가치, 태도 등을 바르게 이해하도록 하는 것이다. 여기에서 자신을 이해한다는 것은 내면 세계의 심리적 과정을 이해하는 것만이 아니라, 자신과 이 세계와의 관계를 이해하는 것도 포함되는 것이다(안영진, 2007).

자기이해를 바탕으로 한 다른 사람에 대한 대인관계 형성은 매우 중요한 인성교육의 내용이다. 남들에게 매력적으로 보이고, 타인들이 자신에게 호감을 갖기를 바라는 마음은 누구나 마찬가지이다. 인상 형성의 과정에서 첫인상은 대인관계에 있어 매우 중요한 역할을 한다. 사람들은 타인이 가지고 있는 특징들을 모두 고려해서 공정하게 인상을 형성한다기보다는 매우 한정된 정보에 기초해서 타인들에 대한 광범위한 인상을 형성하려고 한다. 이러한 편향(bias)은 매우 다양하다. 또한 외모나 외적 분위기가 첫인상 형성에 영향을 미치게 되는 추두효과(primacy effect)와 상대방에 대한 첫인상에 형성된 인상이나 대상에 대한 고정관념으로 전반적인 인상을 형성하는 후광효과(halo effect)의 영향을 받는다. 그런가하면 장기간 사귀다 보면 처음에 형성된 인상은 차츰 사라지고 개인이 가지고 있는 다양한 특성들이 전반적인 인상 형성에 영향을 미치게 되는데 이를 최신효과(recency effect)라고 한다(김애순 · 윤진, 1997).

타인이 자신에게 호감을 촉진하는 요인에는 근접성, 유사성, 상보성, 상호호

혜성의 원리가 적용된다. 근접성의 원리에 의하면 일상생활을 하면서 가까운 거리에 있고, 자주 접촉하는 사람들과 친하게 된다. 유사성의 원리는 자신과 비슷한 가치나 신념, 사회적 배경, 흥미 등을 소유한 사람이 있다는 사실 자체로 자기존재에 대한 정당화를 해주기 때문에 더 좋아하게 된다는 것이다. 이와는 대조적으로 윈치(Winch)의 연구에 따르면 자기에게 없는 특성을 가지고 있는 사람에 대해서 호의적인 태도를 갖는 경향이 있다고 한다(정인석, 1988). 상호호혜성의 원리는 자신의 욕구를 충족시켜 주거나 보상을 주는 사람을 좋아한다는 것이다.

인간은 이러한 인간관계의 기초를 바탕으로 이성, 친구, 가족, 교사 등과의 다양한 대인관계를 맺고 살아간다. 일상생활을 하다보면 관계를 잘 맺고 바람직한 방향으로 유지하기 위해 사교적 능력인 대인기술이 필요하다. 대인기술은 "자신의 권리, 요구, 만족, 또는 의무를 효율적으로 수행하며 동시에 타인의 유사한 권리, 요구, 만족, 의무를 훼손시킴이 없이 타인과 자유스럽고 개방적인 교환관계 속에 자신과 타인의 권리 등을 생산적으로 공유하는 방식으로 타인과 의사소통할 수 있는 능력"이라고 정의한다(Phillips, 1978).

한편, 대인기술은 기본적으로 학습을 통해 획득되는 것이고, 언어적 행동과 무언어적 행동으로 구성된다. 인간의 중요한 의사소통 수단인 언어뿐만 아니라 다양한 비언어적 행동 역시 대인기술에 포함된다. 또한 대인기술의 적절성과 효과는 행위자, 상대방 그리고 상황의 특성에 의해 결정된다. 즉, 대인기술에 있어서는 인간관계에 관련된 사람의 특성과 상황적 특성에 대한 고려가 중요한 요소가 된다. 마지막으로, 대인기술은 타인으로부터의 사회적 보상을 극대화한다(Michelson, 1983).

2) 생활습관

습관이란, 어떤 행동이 반복되어 나타남으로써 형성되는 것이다. 습관이란 좋

은 것이든 나쁜 것이든 서로 독립적이지 않고 여러 습관이 서로 연결되어 형성된다(안영진, 2007)

포괄적인 의미에서 생활습관 지도는 인류의 역사와 함께 시작되었다고 할 수 있으나, 체계적이고 조직적인 모습을 갖추기 시작한 것은 19세기 말경이다. 산업의 급진적 발달로 인하여 개인에게 직업의 기회를 주고 또 필요한 전문 기술원을 확보하기 위한 직업지도에서 출발하였다. 그리고 학생 개개인의 전인적(全人的) 성장과 이에 따르는 통합적 교육활동의 필요성으로 인해 직업지도뿐만 아니라 지적 성장, 정서적 적응, 건강생활, 원만한 인간관계의 수립, 도덕적 · 정신적 발달, 넓은 심미적 활동 등을 포함하려는 통합된 생활지도 활동에 노력을 기울이게 되었다. 이에 따라 생활지도교사 또는 카운슬러의 양성과 배치가 중요한 행정상 · 제도상의 문제로 제기되고 있다.

"세살 버릇이 여든 간다."는 우리의 속담은 습관이 제2의 천성(天性)이 됨을 잘 나타내어 준다. 인간의 몸과 마음은 가소성(可塑性 : plasticity)을 지니고 있기 때문에 습관이 어느 한 시점에 고착되기 전에 좋은 습관을 가질 수 있도록 지도해 주어야 한다. 제임스(W. James, 1983)는 습관 형성의 원리로 결심, 기회, 예외가 있어서는 안 됨, 반복연습 등의 4가지를 제시하고 있다. 김재은(1984)은 생활습관의 형성 방법으로 반복, 습관 형성의 시기, 동기화의 3가지를 제시하고 있다. 이들의 견해를 바탕으로 좋은 습관을 형성시켜 주는 원리를 제시하면 다음과 같다(안영진, 2007).

첫째, 모범을 보여야 한다. 아동이 나타내 보이는 행동은 바람직한 것이든 그렇지 못한 것이든 주위에 있는 어른들의 행동을 모방하는 데서 비롯된 것이 많다. 어려서부터 좋은 습관을 길러 주기 위해서는 부모나 선생님 또는 주위 어른들이 행동으로 모범을 보여야 한다. 언어를 통한 일반적인 지시나 훈육은 아동의 생활습관 형성에 도움이 되지 못하며, 기본적인 생활습관에 대한 좋은 모델링(modeling)이 주어질 때에 비로소 학습을 통해 좋은 습관을 몸에 지니게 된다.

둘째, 일관성 있게 반복 연습을 시켜야 한다. 아동은 행동을 반복함으로써 그 습관을 형성(shaping)시키고, 유아 스스로가 의식하지 않고도 생활 속에 그 습관이 정착될 수 있도록 매일 규칙적으로 연습시켜야 한다. 이 때 부모는 물론 교사와 이웃의 어른들까지도 상호 협조하여 일관성 있는 태도로 지도해야 한다.

[그림 1-2] 생활습관 반복 연습하는 모습

셋째, 아동이 스스로 하고자 하는 동기유발(motivation)을 시켜야 한다. 아동에게 좋은 습관을 형성시키기 위해서는 스스로 하고자 하는 마음을 조성해 주어야 한다. 스스로 참여하기 위한 주위의 환경을 만들어 주어야 하며, 흥미롭게 할 수 있는 자료를 동원하거나 흥미롭게 느낄 수 있는 일부터 시작하여야 한다. 또한 자기 스스로 바람직한 행동을 보였을 때 부모나 교사는 아낌없는 칭찬을 해주어야 한다. 아동의 행동을 잘 관찰하여 바람직한 행동을 찾아내서라도 그 행동에 대해 적절하게 칭찬을 해주게 되면, 아동 스스로 좋은 습관을 길러야 할 동기유발을 하게 된다.

넷째, 좋은 습관을 형성시키기 위해서는 아동 개개인의 발달 단계나 습관 형성의 시기가 충분히 고려되어 지도되어야 한다. 인지발달론으로 보면 아동은 발달단계에 따라 실현 가능한 지도 내용을 정해야 성취하는 기쁨을 맛보게 되며, 좋은 습관이 몸에 배게 된다.

다섯째, 아동에게 좋은 습관을 형성시켜 주기 위해서는 교사나 부모가 인내심을 가지고 꾸준히 지도하여야 한다. 생활습관이란 하루아침에 형성되는 것이 아니라 오랜 시간을 두고 이루어지는 것이므로 지도에 임하는 부모나 교사는 조급히 서두를 것이 아니라 끈기 있고 참을성 있게 지도해 나가야 한다.

3) 학습지도

학습이란, 경험에 의한 행동의 실질적 변화이다. 학습은 아동의 지적 조건이나 정서적 조건에 의해 방해를 받게 된다. 따라서 학습을 잘하게 하려면 아동의 정서적 혼란을 제거해 줄 필요가 있다.

아이들이 성장하는 과정에서 겪는 문제들은 단지 학습상의 문제 때문에만 발생하는 것은 아니다. 그러나 학습은 아동과 청소년에게 매우 중요한 것이기 때문에 학습상의 문제는 다른 영역에서도 문제를 일으킬 가능성이 매우 높을 수밖에 없다. 그러므로 부모와 교사들은 아동과 청소년의 학업이 원활히 이루어지도록 돕고, 문제 발생의 초기에 적절히 개입을 하여 학습상의 문제가 악화되는 것을 막을 수 있도록 노력하여야 한다(박성수, 김혜숙, 이숙영, 김창대, 유성경, 1997).

학습문제의 유형에는 다음과 같은 문제들이 많이 호소되고 있다(김창대, 이정윤, 이영선, 남상인, 1994).

먼저, 동기유발이 되지 않으면 열의를 가지고 학교생활을 할 수 없다. 가장 중요한 것은 아동의 자아개념으로, 자아개념은 아동이 주어진 과제를 완수하도록 동기유발을 하는 데 영향을 미친다. 자아개념을 저하시키는 학업문제로는 시험에 따른 불안감과 압박감, 스트레스 등을 받는 시험 불안, 공부의 필요성에 대한 근본적인 의문과 회의감, 주의산만, 잡념 등으로 인한 집중력 부족, 성적 저하 및 저조로 인한 걱정과 스트레스, 공부에 대한 반감, 능력 부족, 공부 습관의 미형성, 성적에 대한 집착, 성적으로 인한 관계에서의 문제 등이 발생하고 있다.

이는 학습과 관련된 문제뿐 아니라 학업문제로 인한 인간관계의 문제와 같이 다른 문제들에까지도 파생되고 있음을 알 수 있다.

[그림 1-3] 학업에 집중하는 아이들

따라서, 아동이 학습과 관련하여 가진 문제가 무엇이며 언제부터 그 문제를 지녀 왔는지 그리고 이상의 인지적, 정의적, 학습방법적, 환경적 요인들에 있어서 어떤 강점과 약점들을 지니고 있는지 등에 관한 이해를 바탕으로 학습문제 해결을 위한 노력이 이루어져야 한다. 이러한 노력은 부모와 교사 수준에서 가능한 부분이 있고, 전문가의 도움이 필요한 부분이 있다. 어떤 경우든 교사와 부모는 아동의 학습을 가장 가까이서 도울 수 있는 사람으로 매우 중요한 역할을 할 수 있다. 학습문제를 해결하기 위해 교사와 부모는 다음과 같은 노력을 해야 할 것이다.

먼저, 아동의 학습문제 해결을 원하는 동기 수준에 따라 아동과 함께 목표를 설정하도록 한다. 공부에 대한 의미를 아동이 스스로 느끼도록 하지 못하면 공부를 잘하고자 하는 의욕이 없어지고, 지치고 포기한 상태가 될 수 있다. 또한 아동의 문제 및 강점에 대한 파악을 통해 학습목표를 설정하고 변화를 위한 장단기 계획과 전략을 수립하도록 한다. 이러한 계획을 설정하여 아동의 노력을 지원하는 강화체제를 적극 활용한다. 대부분의 학습문제는 해결을 위해 오랜 시간이 필요하므로 아동이 희망과 끈기로 견딜 수 있게 격려하도록 한다.

능력 있고 경험 있는 교사는 각 아동이 스스로를 무엇인가 성취할 수 있는 가능성을 지닌 존재로 볼 수 있도록 도울 수 있다. 이것은 교사가 학습 결과가 아니라 학습 과정에 초점을 두고 아동을 지도함으로써 성취할 수 있다(안영진, 2007).

4) 정서 지도

인성교육이 매우 중요하다는 것을 잘 알고 있지만 인성교육을 어떻게 실시해야 할지 몰라서 막막한 느낌을 가지게 된다. 전통적인 수업방식으로 인성교육을 실시해야 하는 것도 또한 매우 어렵게 보인다. 인성교육은 사고나 가치만이 아니라 감정이나 동기, 심지어는 무의식적 측면까지도 포함되어 다루어야 하기 때문이다. 그러므로 인성교육은 상식적, 인습적 교육관을 넘어선 새로운 교육관을 필요로 하고 있다.

정서의 동요가 심하고 비현실적인 생각으로 고집이 세며, 작은 일에도 지나치게 걱정하는 현대의 아동들에게 있어 부정적인 자아개념과 자신감의 결여 등은 정신건강과 밀접한 관련을 맺으며, 인성교육을 위한 정서지도의 필요성을 제시한다.

다니엘 골만(Goleman, 1995)은 대인간의 상호작용에서 보이는 정서지능(EQ)은 지능과 대립되는 개념으로 인간의 능력 발휘와 사회생활에 있어서 큰 영향을 미칠 수 있다고 소개하고 있다. 정서지능(EQ)은 자신의 정서상태를 인식하는 능력으로, 자신의 감정을 의식적으로 다루고 억제하며 조정할 수 있는 능력과 감정을 조절하고 통제하는 능력은 우리의 감정을 얼마나 교양있게 다룰 수 있는가 하는 능력을 의미한다. 덧붙여 타인의 정서를 인식하고 조절하는 능력, 타인과의 공감 내지 감정이입이 가능하도록 하는 능력은 정서지능을 구성하는 요소로서 자신의 정서를 인식, 조절하고 타인의 정서를 파악하여 사회적 관계의 형성을 원활하게 할 것이다.

따라서 정서교육은 사고와 이성을 바탕으로 한 도덕적 정서교육과 개인의 정서상태를 인식하고 표현하고 활용하는 데에 초점을 둔 상담 및 심리치료적 정서교육의 두 가지로 구분될 수 있다. 전자는 타인과 사회공동체를 위한 것이고, 후자는 자신의 주관적 경험을 소재로 한 것이다(한국교육학회, 1998). 여기서는 바람직한 정서지도를 위한 정서지능(EQ)의 기본요소에 입각하여 아래와 같은 활동을 강화하여 습관화시키는 것이 필요하다.

첫째, 자기의 정서를 인식하고 수용하는 것이다. 어떤 상황에서 자신이 어떤 감정을 느끼는가는 관찰자가 되어 봄으로써 비효율적인 감정, 본능적인 분노 같은 것을 약화시킬 수 있다.

둘째, 정서를 조절하고 통제한다. 불안, 분노와 같은 기본적 정서는 우리 내부에서 자동적으로 작동됨으로 이것의 배우의 생각과 신념을 분석해 볼 필요가 있다.

셋째, 잠재력을 일깨운다. 인내심을 가지고 자신의 충동성을 다스리며, 낙천적으로 말하고 행동하며, 집중하고 몰입(flow)하는 것은 걱정과 불안, 의구심을 사라지게 하고 일 자체에 초점을 맞추게 한다.

넷째, 타인의 감정을 공감하라. 타인의 세계와 경험을 그 사람의 입장이 되어 헤아려 보는 것이다. 이것은 대인적 환경에 의해서 발달되는데, 적극적으로 듣고, 감정에 귀를 기울이며, 상황을 이해하도록 하는 연습이 필요하다.

다섯째, 사회적 관계를 형성하라. 사회적 관계를 원만하게 수립하는 기술은 언어적 의사소통 이외에 신체언어(표정, 몸짓) 활용, 감정표현, 분위기 조성과 관련된 기술을 익히는 것이 필요하다.

[그림 1-4] 정서 조절이 되지 않는 아이들

5. 인성교육의 방향

1) 교사를 위한 인성교육의 방향

먼저 교사가 학교 현장에서 아이들을 어떤 방법으로 지도할 수 있는가를 요약하면 다음과 같다(홍경자, 2004).

(1) 교사는 관심과 애정을 가지고 청소년들과 따뜻한 인간적 만남 속에서 그들을 지도할 수 있다. 수업시간 이외에도 일대일로 만나는 짧은 대화와 놀이, 이메일이나 편지 주고받기 등의 상호작용을 통하여 진솔한 유대관계를 맺고 감화력을 행사할 수 있다.

(2) 사회기관의 방문과 자원봉사, 현장학습을 통하여 세상에 대한 안목을 길러 주고 자기의 잠재능력과 우수기능을 개발하게 한다.

(3) 심성수련, 명상, 스포츠와 춤, 연극, 음악과 영화, 비디오 감상 같은 여가활동, 수학여행, 등산, 오리엔티어링 등을 통하여 또래들과의 관계를 형성하며 여가를 선용하고 스트레스와 갈등을 관리하는 법을 체득한다.

(4) 집단 상담과 심리교육의 워크숍 및 인터넷 상담을 통하여 적응과 대인관계의 기술과 자기관리의 기술 등을 가르쳐 줄 수 있다. 도덕성 지도와 품성 지도는 요가, 기도와 같은 수행과 강의나 토론을 통하여도 이루어질 수 있다. 명상이나 자기성찰의 기회가 주어지는 것도 좋다.

(5) 아이들의 적응과 인성 발달을 적극적이고 체계적으로 돕기 위해서는 인성교육과 관련된 학과목을 설강한다. 현실적으로는 도덕, 윤리, 철학, 심리학, 교육학, 인간관계와 리더십 등의 과목으로 설강된 수업시간에 인성교육의 내용을 첨가할 수 있을 것이다. 그리고 상담교사와 팀티칭(team teaching) 할 수 있다. 인성의 변화는 장구한 세월에 걸쳐 일어나므로 인성교육과 관련된 프로그램이나 교과목은 적어도 수개월 이상의 기간에 걸쳐 일관성 있게 반복적으로 제공할 때에 소기의 효과를 얻을 수 있다.

2) 부모를 위한 인성교육의 방향

자녀의 인성 발달에 중추적인 역할을 하는 사람은 부모이다. 여기서는 자녀 양육과 관련하여 부모가 알아두어야 할 인성교육의 원리를 다음과 같이 정리하였다(홍경자, 2004).

(1) 자녀의 인성은 선천적 유전의 영향과 후천적 환경의 영향, 그리고 자녀 자신의 가치관 및 의지적 노력에 의하여 형성되고 발달한다. 이 세 가지 요인 중에서 가장 강력한 힘을 발휘하는 것은 유전이다.

(2) 인간은 유전과 환경의 영향을 받는 운명론적 존재이다. 그럼에도 불구하고 개인은 유전과 환경이라는 재료를 창조적으로 활용하여 자기만의 고유한 인생 작품을 만들어 나갈 수 있다. 이것이 자기실현이다.

(3) 인간의 성격은 임신한 순간부터 죽음에 이를 때까지 전 생애에 걸쳐 형성되고 발달한다. 각 발달단계마다 심리적 위기가 있는데, 그 단계에서 풀어나가야 할 과제를 무난히 수행할 때 성숙한 인격자가 될 수 있다.

(4) 인간의 생애 중 가장 중요한 시기는 인생의 초기인 5~6세까지의 기간이다. 이 시기 부모의 양육태도가 자녀의 성격 형성에 결정적인 영향을 미친다. 부모는 순수한 사랑으로 자녀를 수용하되 좋은 습관과 품성이 개발되도록 일관성 있게 훈육해야 한다. 부모의 양육태도 중에 바람직하지 못한 것은 전제형과 과잉보호형(방임형)이다. 그리고 바람직한 태도는 민주형이다. 민주적인 부모는 아이의 나이와 수준에 맞추어 적절한 제약과 자유를 준다. 그리하여 자녀에게 긍정적 자아개념과 자존감을 심어 주도록 노력한다.

인생 초기에 경험하는 가정에서의 심리적 분위기와 생활양식이 개인의 기본적 인생관(가치관)과 성격을 결정한다. 그러므로 부모는 자녀가 우월성을 추구하도록 인생의 목적의식을 고취시켜야 한다. 그리고 사회적 관심을 발달시켜 세상 사람들에게 유익을 끼치는 생활양식을 채택하도록 지도하는 것이 필요하다.

(5) 신경증이나 반항, 비행, 범죄 등의 부적응 현상은 두 가지의 방향에서 이해될 필요가 있다. 인과론적인 입장에서 보면, 그것은 과거의 심리적 외상으로 인하여 무의식 속에 억압된 충동과 욕구가 부정적인 방식으로 발산되는 시도라고 이해할 수 있다. 그러므로 부적응적 청소년들이 그들의 심리적 욕구를 긍정적인 방식으로 충족할 수 있도록 도와줄 때에 그들의 에너지가 성장의 방향으로 궤도 수정될 수 있다. 한편 부적응 현상을 목적론적 입장에서 보면, 그것은 개인

이 자아(ego)와 자기(self)가 양분된 심리적 긴장상태에서 진정한 자기를 찾아 가려고 하는 개성화의 몸부림 현상이다.

(6) 진로 선택에서 가장 먼저 고려해야 할 것은 자녀의 재능(talent) 또는 우수기능이다. 자녀가 어려서부터 어떤 일에 호기심을 보이며 신명이 나서 열중하는가를 눈여겨보고 그 방향으로 진로를 정하도록 목표를 설정해 줄 필요가 있다. 청소년들이 놀이, 공부, 일과 봉사활동 등의 다양한 체험을 통하여 자신의 소질과 유능감을 개발하도록 배려해야 한다. 진로 선택에서 다음으로 고려해야 할 사항은, 개인의 생활양식과 성격이다. 인간은 자기의 성격 유형과 부합되는 직업 유형을 선택할 때에 만족감과 직업적 성공이 보장되기 때문이다.

[그림 1-5] 진로 선택

(7) 성공한 사람 중에 뛰어난 지능(IQ)을 가진 우수한 학업성취자는 20%에 해당하는 반면, 감성지능(EQ)이 뛰어난 자가 80%를 차지한다. 미래의 세상에서는 EQ의 개발이 학업성취보다 더 바람직한 자질로서 각광받을 수 있다. 자녀 지도에서 부모는 감정의 인식과 조절, 대인간의 공감능력, 창의력, 조직력, 사회활동의 참여도와 관련된 정서지능 및 실용적 지능을 개발해 주도록 유념해야 한다.

(8) 학습지도 시 유념해야 할 사항은 다음과 같다.

자녀의 학업성취 또는 학교 성적은 여러 가지 요인이 장기간 복합적으로 작용하여 나타나는 산출물이다. 자신의 지적 능력 수준보다 저조한 성적을 보이는 학업부진아나 자기의 지능 수준보다 월등하게 높은 성적을 보이는 과진아가 되기까지 영향력을 행사하는 요인들은 다음과 같다.

① 지능은 학업성취를 좌우하는 절대적인 조건이 될 수 있다. 일반적으로 수재아(IQ 130 이상)는 공부를 잘할 수 있다. 지적장애아(IQ 70 이하)는 학업성취에 많은 애로를 경험한다. 그러나 학교 성적이 뛰어나지 못하다고 하여 그 학생의 지능이 낮다고 단정해서는 안 된다. 오늘날 지능의 개념은 다중지능이론으로 바뀌고 있다. 성적이 우수한 학생은 언어, 수리, 기억력 등의 지적 능력이 발달한 사람이다. 이에 반하여 공간지각적 지능, 동작성 지능, 대인관계적 지능, 정서지능(감성지능) 및 특수지능이 뛰어난 사람은 높은 성적을 나타내지 못할 가능성이 있다. 그러나 이들이 사회에 나가 성공할 수 있는 직업의 분야가 많이 있다는 점을 인식해야 한다.

② 창의성이 높은 사람은 높은 학업성취를 보이는 경향이 있다. 창의성은 후천적으로 환경(부모)의 영향에 의하여 개발될 수 있다.

③ 학습준비도가 되어 있으면 선수학습의 경험이 있고 신체적, 지적 발달 수준이 성숙한 단계에 도달해 있기 때문에 학업성취를 이룰 수 있다. 이런 의미에서 기초학력의 보강은 언제나 필수적이다.

④ 성취동기가 높은 아동은 높은 학업성취를 보인다. 성취동기 역시 성장과정 중에 부모를 통하여 체득되는 것이다.

⑤ 긍정적인 자아개념을 가진 아동은 우수한 학업 성적을 보이는 경향이 있고 부정적인 자아개념을 가진 아동은 성적이 저조한 것으로 나타났다. 그런데 아동의 자아개념은 부모의 양육태도에 의하여 형성된다.

⑥ 자녀의 선천적인 적성과 흥미가 학과목과 일치할 때에 높은 학업성취를 이룰 수 있다. 그러므로 자녀가 좋은 성적을 나타내지 못할 경우 아이의 우수

적성과 흥미가 비학문적 영역에 있는 경우가 아닌지 살펴보아야 한다. 이와 관련하여 학습장애의 여부를 고려해 보아야 한다. 학습장애아는 정상 이상의 지능을 소유하지만 읽기, 쓰기, 셈하기 영역에서 발달지체와 결손이 있기 때문에 학습에 실패하는 경우가 있으므로 조기에 이런 장애 여부를 판별해야 한다. 현대사회에서는 전 과목에 우수한 성적을 보이는 우등생보다는 특수한 한두 영역에서 탁월한 재능을 나타내는 '신지식인' 내지 '수월성'의 인간이 환영받는다는 점을 인식해야 한다.

⑦ 인지양식이 장의존적인가, 장독립적인가? 이에 따라 학습 스타일도 다르다는 것을 인식할 필요가 있다. 그리고 숙지하는 스타일에도 빨리 이해하나 정확성이 떨어지는 유형, 늦게 이해하나 여러 번 공부하여 완전학습하는 유형, 이해도 느리고 정확성도 부족한 유형이 있다. 학과목의 성질과 관련하여 이러한 개인차를 고려하면서 지도해야 한다.

⑧ 충동적이고 주의산만한 성격의 아동은 ADHD 아동과 마찬가지로 저조한 학업성적을 보이기 쉽다. 이에 비하여 사려성과 심리적 안정감이 높은 학생은 좋은 성적을 보일 가능성이 높다. ADHD 아동의 성격 개선을 위해서는 부모가 식이요법에 철저를 기하는 것도 효과적이다.

⑨ 학생의 적절한 각성 수준과 어느 정도의 불안 및 긴장상태는 최대한의 수업효과를 올릴 수 있다. 그러나 지나친 불안과 걱정은 학업성취를 저해하며, 특히 시험불안은 낮은 성적의 원인이 되기도 한다.

⑩ 교재는 아동의 지적 수준에 알맞은 것으로 선택하며, 아동의 능력상 취약점으로 보이는 면을 보강해 주는 방식으로 개별 지도할 때 과외지도 역시 같은 원리가 적용되어야 한다. 개개 아동의 취약점을 집중적으로 보강해 주는 단기적, 간헐적 개인지도가 이상적이다. 교사는 아동의 내재적 동기가 유발되도록 유념하고 학습습관이 체득되도록 외재적 동기유발에 힘써야 한다. 외재적 동기유발을 위하여 보상을 사용한 행동수정을 적용하도록 한다.

⑪ 교사와 부모는 아동이 학업성적에 대하여 현실적인 포부 수준을 가지고 임하도록 지도할 때에 학습의욕을 고취시킬 수 있다. 부모와 교사 역시 아동의 학업성취에 대하여 기대하는 수준이 비현실적으로 과도하게 높지 않아야 한다. 과도한 기대수준은 아동에게 좌절감과 부정적 자아개념을 형성해 줄 소지가 있기 때문이다. 또한 부모와 교사의 태도 및 기대가 아동에게 긍정적일 때는 아동의 학업성취에 긍정적 효과를 주고 부정적일 때는 부정적 효과를 창출한다는 점을 유념해야 한다.

⑫ 동일한 지능의 두 사람이 동일한 시간을 투자하여 공부했는데, 학업 성적의 차이가 현저할 경우에는 학습방법이나 공부하는 요령을 점검해 볼 필요가 있다. 수업에 임하고 복습, 예습하는 요령, 노트 정리 요령, 시험 준비와 시간 관리의 요령을 익혀서 실천하면 똑같은 노력을 하더라도 훨씬 더 좋은 성적을 올릴 수 있다.

⑬ 심리적 고민과 갈등이 있거나 이성교제와 같은 급격한 생활상의 변화가 있을 때 학업 성적이 갑자기 떨어지는 현상이 나타난다. 심리적 고민에서 해방되고 명랑하고 안정된 마음상태를 회복하기 위하여 목욕, 산책, 음악, 카운슬링, 명상, 기도 등의 방법을 활용하도록 지도한다.

⑭ 지적으로 자극이 풍부한 환경은 높은 학업성취와 예술적 창조성을 꽃피우는 풍토를 제공한다. 대도시의 학교와 지성인 부모의 가정에서 자란 학생들의 실력이 우수한 것은 이러한 이유 때문이다. 그러므로 예술적 천재성이 보이는 아동의 경우에는 예술성이 계발되도록 국제적 문화도시로 이사하는 등 환경적인 배려가 필요하다.

(9) 현대 심리학적인 관점에 비추어 부모가 취할 태도는 다음과 같다. 정신분석학적 입장에서 보면 부모는 자녀의 생물학적 욕구와 도덕적, 이상적 욕구가 균형적으로 충족될 수 있도록 지도해야 한다. 그것은 초자아와 원욕의 욕구 충족을 현실적으로 조절할 수 있도록 아이의 자아기능을 강화시켜 주는 것이다.

행동주의적 입장에서 보면 부모는 조건형성의 원리를 적용하여 자녀의 행동을 수정할 수 있다. 그리고 부모 쪽에서 세상 사는 법과 인생관에 대한 올바른 역할모델이 되어 주도록 한다. 자녀의 습관을 교정할 때에 아이 쪽에서 긍정적인 자기대화 또는 자기독백을 하면서 새로운 행동을 익히도록 지도할 수 있다.

인간중심적 상담이론의 입장에서 보면 부모는 자녀가 자신의 자아개념과 일치하는 방식대로 살아가도록 배려해야 한다. 어린 시절에 자녀는 부모의 승인과 환심을 얻기 위해서 부모가 좋아하는 가치나 흥미를 억지로 채택하는 경향이 있다. 이런 가치의 내면화는 필연적으로 아이의 자아개념과 현실 간의 불일치를 가져온다. 그리하여 아이가 장성하면서 자신에 대한 혼란으로 충분히 기능하는 삶을 살 수 없게 만든다. 그러한 폐단을 예방하기 위하여 부모는 자녀에게 기본적으로 존중과 솔직성과 공감적 이해의 태도로 임하는 것이 이상적이다.

인지적 접근에서 볼 때 부정적 정서와 자포자기적 행동은 개인의 사고방식 내지 인지구조와 관련이 있다. 개인이 불행한 것은 어떤 불운한 사건 때문이 아니라 그 사건을 해석하는 개인의 신념체제가 비합리적이기 때문이다. 그러므로 자녀가 극심한 열등의식으로 괴로워할 때에는 먼저 그 감정을 잉태시킨 비합리적 신념체제를 찾아내고 그것을 논박하여 합리적 신념체제로 대체해야 한다. 부모나 카운슬러는 REBT나 인지치료의 기법을 활용할 수 있다. 자기를 질책하는 습관은 '탈숙고'나 '붙들어 매기'의 기법을 적용하면 좋을 것이다. 그것은 자신의 어떤 면에 대하여 부정적으로 평가하는 습관을 고쳐, 객관적으로 서술하고 긍정적으로 평가해 보도록 하는 것이다. 그리하여 자녀가 자존감을 회복하도록 도와줄 수 있다. 부모 또한 자녀 지도와 관련하여 극심한 짜증과 분노가 폭발할 경우 REBT와 인지치료적 이론을 적용하여 자신의 감정과 행동을 통제할 수 있다.

부모 자신에게 먼저 자기 세상을 넓은 안목에서 조감할 줄 알며 자기를 관리할 수 있는 능력이 요청된다. 이를 위하여 끊임없는 자기성찰, 명상, 기도 등의 수행을 실천하는 것이 바람직하다.

부모는 자녀 지도의 최신 기술을 익힐 필요가 있다. 이것이 부모 역할의 훈련이다. 자녀와의 갈등을 멋있게 풀어 가는 한 가지 방법은 포용적인 대처방식이다. 부모와 자녀가 서로 욕구나 사고방식에 차이점을 보일 때 대개는 그 차이점에 주의를 집중하고 서로 이기려고 한다. 그리하여 필연적으로 승자와 패자로 갈라진다. 이러한 승패적 대처방식은 힘겨루기로 이어질 가능성이 크다. 그런데 이제부터는 부자간의 공통된 관심과 욕구에 부모가 주의를 기울이는 것이다. 그리고 공통된 욕구를 충족하기 위하여 상호 포용적으로 타협하는 방식을 취할 수 있다. 이것이 승패적 관계를 승승(win-win)적 관계로 전환하는 멋진 대처방식이다.

(10) 유 · 아동기의 인성교육에서 주력해야 할 영역은 다음과 같다.

① 책임감 길러 주기

아동에게 자율적 생활습관과 관련하여 책임감을 길러 줄 때에는 다음과 같은 방식을 따르는 것이 좋다.

- 아이에게 해야 할 일을 먼저 자세하게 설명해 준다(예: "식사 시간에 모든 식구가 같이 모여 밥을 먹는 거야").
- 그 규칙을 지키는 데 있어서 아이에게 선택권을 준다(예: "네가 우리와 같이 지금 밥을 먹을래? 아니면 나중에 너 혼자 차려 먹고 네 밥그릇의 설거지도 네가 할래? 이 둘 중에서 한 가지를 네가 선택하려무나").
- 규칙을 어겼을 경우에는 그에 대한 대가를 치르도록 한다. 아이로 하여금 '자연적 결과'와 '논리적 결과'를 체험하게 하는 것이다. 이것은 상벌(보상과 처벌)의 방법보다 더 효율적인 지도방식이다. 규칙을 어겼을 때 아이가 받아야 할 대가를 결정하는 데에도 아이의 의견을 물어보고 참작하는 것이 좋다.
- 특별히 주의산만하고 충동적인 아이를 지도할 때에는 주변 환경을 스스로

정리하도록 지시한다. 그리고 아이가 어떤 행동을 하게 되면 그 뒤에 무슨 결과가 뒤따르게 될 것인가를 생각해 보는 시간을 준다. 다시 말해서 부모와 함께 대화하면서 논리적으로 유추하는 습관이 길러지도록 한다. 또한 아이가 행할 일의 순서대로 자기독백하면서 공부나 일을 진행해 나가도록 자기 교시법을 가르쳐 준다.

② 품성 지도와 도덕성 지도

공동생활에 필요한 예절교육은 만 1세 이후부터 가능하다. 한국의 부모는 자녀가 어려서부터 공공질서를 지키도록 특별히 예절교육에 주력해야 한다. 지구촌 시대에 필요한 국제예절도 가르쳐 주어야 한다.

- 예절과 도덕에 대한 개념을 부모가 먼저 말로 설명해 주고 교육한다.
- 부모가 모범을 보여준다.
- 체험학습을 통하여(예 : 부모가 자녀와 약속한 것을 어길 경우의 느낌) 상호 신의, 예절 등의 중요성을 경험시킨다.
- 콜버그(Kohlberg)가 제시한 도덕적 갈등 상황과 같은 이야기를 고안한다. 그리고 그 주제에 대하여 집단적 토론을 하는 기회를 지속적으로 제공하여 도덕성을 배양시킨다.

③ 사회성 지도와 친구 사귀기

내향적이고 수줍음을 타며 친구가 별로 많지 않은 자녀를 활발한 성격으로 길러 주고 싶어 하는 부모들이 많다. 부모는 다음 사항을 유념해야 한다.

- 내 · 외향성의 성격은 선천적으로 타고난 기질이 강하다는 점을 부모는 먼저 인식해야 한다. 그러므로 부모 쪽에서 아무리 많은 노력을 하더라도 수줍은 아이가 활발하고 배짱 있는 아이로 변화하기는 거의 힘들다는 점을 인식한다.
- 수줍은 아들에게 "너는 왜 그렇게 사내답지 못하니?"라고 핀잔을 주거나

"제발 밖에 나가서 친구하고 놀아라."라고 윽박지르면 어떻게 될까? 아이는 자기가 무언가 잘못되어 있다고 느끼며 부정적 자아개념을 갖게 되고, 또래나 외부세계를 더욱 두려운 대상으로 받아들인다. 부모 역시 좌절감이 증폭될 뿐이다. 부모는 내향적이고 사색적인 성격의 장점과 강점을 인식할 필요가 있다. 그리고 자녀에게도 그런 강점을 인식시켜 주면 좋다. "넌 성실하게 파고드니까 커서 무언가 연구해 내고 말거야, 뛰어난 지도자들 중에는 의외로 내향성인 사람이 더 많단다. 신중하니까 큰 일을 하는 거지."

- 자녀의 사회성을 길러 주기 위해서는 행동 수정의 절차를 밟도록 한다. 아이와 함께 목표를 세우고 실천 계획을 짜고 강화물을 정하여 강화하고 실천과정을 일지에 적어 보는 것이다. 이 때 유념할 점은 조작적 조건형성의 원리에 따라 아이 쪽에서 바람직한 행동을 먼저 보일 때까지 기다렸다가 강화하는 것이다. 부모는 다음과 같은 말로 타협할 수 있다. "얘야, 네가 주로 집에서 혼자 놀고 공부하는데, 그런 내향성은 좋은 성격이란다. 다만, 사교성이 부족하여 친구가 적을 염려가 있지. 그 점을 우리가 노력해서 약간만 보충하면 넌 아주 만족스럽게 살게 될 거야. 일주일에 세 명이나 네 명에게 전화한다거나 말을 걸어보면 어떻겠니? 그리고 한 달에 한 번쯤은 네 친구 집에 놀러가거나 네 친구를 우리 집에 데리고 오는 거야. 엄마(아빠)가 맛있는 간식거리를 준비해 줄게."
- 사회성 증진을 위한 행동계획을 실천하는 동안에는 가족, 담임교사나 친구의 부모 등에게 협조를 구하도록 한다.
- 부모 쪽에서 여러 가지로 노력을 했지만 별 다른 진전이 없을 때에는 조용하게 그 현실을 수용하도록 한다.

④ 리더십 길러 주기

일반적으로 리더는 EQ가 좋은 사람이다. 리더는 집단 내에서 자신감을 가지고 상황의 변화에 대해 유연하게 적응한다. 지배성이 강하지만 보수적이지 않고 공감능력이 뛰어난 특성을 가지고 있다. 그는 의사소통과 갈등 처리의 능력이 탁월하며 사람을 끄는 매력이 있다. 이런 자질은 하루아침에 개발되는 것이 아니다. 지도자에게는 호의적이고 설득적인 의사소통의 능력이 특별히 요청된다는 점을 인식하자. 자녀가 평소에 가정과 학교에서 자기의 의사를 표현하고 문제를 주도적으로 해결하는 과정에 참여하도록 지도해야 한다.

- 가족회의 등을 통하여 문제해결능력을 길러 준다. 이것은 문제점의 거론(규명), 의견 발표, 브레인스토밍을 통한 해결방안의 도출, 토론과 합의를 통한 대안의 선택과 실천의 순서로 이루어진다.
- 인격적 매너를 체질화시켜 주고 도덕성을 함양시킨다.
- 부모가 인격적 본보기를 보여주어 사회에 유익을 끼치는 가치관을 생활화하도록 한다.

⑤ 대인관계의 기술 향상시키기

지구촌 시대를 사는 21세기 여러 인종과 곧바로 친밀해지고 질적으로 풍요한 인간관계를 맺을 수 있는 자질이 요청된다. 또한 한국인의 비언어적인 의사소통 양식과 폐쇄적이고 집단주의적인 인간관계의 경향성은 지양되어야 한다.

아동들에게는 인종, 나이, 지위와 무관하게 만나는 사람과는 누구하고든 좋은 관계를 맺을 수 있는 능력이 요청된다. 그들을 질적으로 충만한 관계를 가꿀 수 있는 대화의 능력자로 길러 주는 요령은 다음과 같다.

- 상대방에 대하여 호의적인 관심과 이해의 태도로 임한다. 그것은 상대방에게 질문을 잘하는 것으로 이루어질 수 있다.
- 자기표출을 한다. 그것은 자신에 대하여 알리는 행위이다.
- 주장적 자기표현을 통하여 기분 좋게 대인관계를 이끌어 간다. 주장성이란 요청하고 거절하고 비평 등을 할 때에 자기와 상대방의 욕구나 인권을 다 같이 존중해 주는 것이다. 다시 말해서 공감적인 주장을 하는 것이다. 특별히 칭찬과 감사를 표현하는 것을 습관화하도록 한다.

- '나-전달법' 이나 포용적 대처방식 등을 통하여 갈등을 해결하는 기술을 터득한다.
- 자신의 친구와 우정의 세계를 점검해 보고 넓혀 나간다.

[그림 1-6] **사회적 관계 형성을 위한** 신체언어 연습

제 2 장
인성교육의 이론적 배경

1. 정서지능 이론

1) 정서와 유사한 용어의 개념 및 특성

정서(情緖, emotions)와 감각(感覺, sensations)은 개념적으로 뿐 아니라 인과적으로도 서로 간에 관련되어 있다. 그리고 감정(感情, feeling)은 정서적인 것과 감각적인 것 모두에 사용된다. 그러나 정서와 감각은 구별된다. '뼈마디가 욱신거린다', '발바닥이 간지럽다', '등골이 오싹하다'는 감각적인 것이다. 이에 비해 '놀라다', '무섭다', '화나다', '후회하다', '미워하다' 등은 정서적인 것이다. 감각은 '어디가' 아프다, '어디가' 간지럽다 등 특정한 신체의 부위, 즉 장소와 관련이 있다. 그러나 정서는 특정한 신체의 부위와 관련을 가지지 않는다. 한편 정서는 대상이나 목표를 가진다. 그러나 감각은 그러한 것을 가지지 않는다.

정서는 지각(知覺, perceptions)과도 구별된다. 지각은 우리에게 외부 세계에 대한 정보를 제공해 준다. 그러나 우리에게는 지각 기관(器官)은 있으나 정서 기관은 없다.

정서는 기분(氣分, moods)과도 구별될 수 있다. '달려드는 개를 보고 놀랐다', '실수한 것에 대해 후회한다', '그에게 화가 났다' 등에서와 같이 정서는 목표나 대상을 가진다. '그것은 나를 기쁘게 해준다, 슬프게 한다, 실망스럽게 한다, 언짢게 한다' 에서와 같이 기분('마음의 상태')은 정서처럼 원인을 가진다. 그러나 기분은 목표를 가지지는 않는다. 우리는 어떤 것에 '의해' 행복해질 수는 있지만 어떤 것에 '대해' 행복해질 수는 없다.

정서는 태도(態度, attitudes)와도 구별된다. 정서에 비해 태도는 다른 사람에게 보여지거나 기대되는 것과 더 관련된다고 생각한다. 태도는 특히 외부세계에 직면해서 취하는 자세나 입장과 관련된다. 우리는 '당당한 태도', '적대적인 태도', '친절한 태도', '강경한 태도' 라고 말할 수 있다. 특정한 태도는 특정한 정서와 기분의 특징일 수 있다. 그러므로 '겁먹은 태도', '낙심한 태도', '단념한 태도' 와 같은 특정한 활동의 특징일 수 있다. 태도에 비해 정서는 어떤 의미에서 보다 원초적이고 사적이다. 우리는 적대적인 태도를 취하지 않고도 화를 낼 수 있다. 두려움을 느끼면서도 용감한 태도를 취할 수 있다. 태도와 정서는, 전자는 '보여져야 하는 것인 데' 비해 후자는 그럴 필요가 없다는 점에서 구별된다.

예를 들어, 어떤 사람이 그에게 뱀이 다가오는 것을 보고 있다(지각). 그는 뱀을 보고 놀라는 감정을 가진다(정서). 그는 등골이 오싹하고 진땀이 나며 다리가 후들후들 떨림을 느낀다(감각, 두려움의 징후). 그는 겁에 질려 그 자리에서 꼼짝 못하고 움츠려 있다(태도). 이러한 가운데 그는 괴로움을 느낀다(기분). 어떤 사람이 그의 연주가 끝난 후 박수치는 소리를 듣는다(지각). 그는 그의 성취에 자부심을 느낀다(정서). 그는 만족감과 함께 긴장이 풀림을 느낀다(감각). 그는 똑바로 서서 자랑스러워하며 관객들을 내려다본다(태도). 그는 행복을 느낀다(기분).

2) 정서지능의 개념

정서지능의 개념이 주목받기 시작한 것은 근래에 들어서이다. 그러나 정서 또는 감정이 인간의 삶에 큰 영향을 미친다는 인식은 상당히 오래 전부터 있어 왔다. 1990년대에 들어서 정서지능 또는 정서지능지수라는 개념이 등장하여 선풍적인 인기를 끌고 있다. 특히 인간의 성공, 건강, 행동 등에 정서적 요인의 중요성이 강조되면서 정서지능이란 새로운 개념이 등장하게 되었다.

정서지능은 자신과 타인의 정서를 점검하고 변별하며, 이러한 정서 관련 정보를 자신의 사고와 행위를 결정하는 데에 적절하게 사용하는 능력과 관련되는 일종의 사회적 지능이다. 구체적으로 정서지능이라는 개념을 처음으로 사용한 살로베이와 마이어(Salovey & Mayer, 1996)는 정서지능을 "정서를 정확하게 지각하여 평가하고 표현하는 능력, 정서의 사고촉진능력, 정서 및 정서와 관련된 지식을 이해할 수 있는 능력"이라고 정의하고 있다. 정서지능이란 이성능력인 사고능력, 즉 기억력, 계산력, 추리력 등을 발휘하게 하거나 또는 그런 능력을 억압하고 제한하기도 하는 감성능력을 말한다. 인간에게는 신기한 메커니즘이 있어서 기억력이 아무리 좋다고 하여도 기억하겠다는 의식적인 의지와 감정이 없이는 기억행위가 일어나지 않는다. 머리가 좋은 것과 실질적인 삶과 연관되는 의지와 감정은 서로 다른 능력인 것이다. 이와 같이 다른 능력들을 종합하고 조화시켜 발휘하게 하는 능력이 곧 정서지능이다(문용린, 1997).

3) 정서지능의 구성요소

골먼(Goleman)은 정서지능을 좌절 상황에서도 개인을 동기화시키고 자신을 지켜 낼 수 있게 하며 충동의 통제나 스트레스로 인해 합리적인 사고를 억누르지 않게 하며 타인에 대해 동감할 수 있고 희망을 버리지 않는 능력이라고 정의하였다. 그는 정서지능의 구성요소로 자기 정서의 인식과 표현, 감정 조절 및 충동 억제, 자기 정서의 이용, 타인 정서의 인식 및 배려, 교사와의 관계, 또래와 관계 등의 여섯 가지를 제시하였다. 구체적인 내용을 살펴보면 다음과 같다.

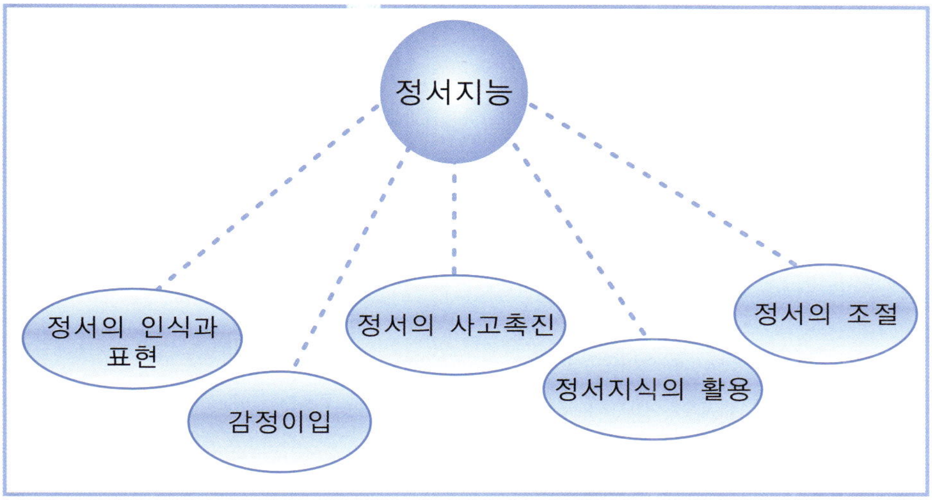

[그림 2-1] 정서지능의 구성요소

출처 : 안영진, 1997, 영 · 유아 발달 총서.

(1) 정서인식 및 표현

정서인식 및 표현은 자신에게 일어나는 정서를 명확하게 인식하는 능력이다. 이것은 정서지능의 기초가 되며 자기 자신을 이해하는 데 중요한 역할을 한다. 3~4세경의 유아는 기쁨, 슬픔, 분노, 놀람 등의 비교적 단순한 정서와 이러한 정서를 야기하는 원인에 대한 이해도 증가한다. 유아는 정서를 인식함으로써 자신의 정서뿐 아니라 타인의 정서반응을 이해하고 해석할 수 있으며, 상황에 적절한 정서를 표현할 수 있는 능력도 갖추게 된다.

따라서 교사는 유아가 어떤 감정을 느끼는 순간을 잘 포착하여, 자연스럽게 유차의 감정에 이름을 붙여 주고, 유아들에게 상처를 주지 않고 교사 자신의 감정을 알릴 수 있는 기술도 익혀야 한다. 이러한 경우에는 '나-전달법'(I message)을 이용해서 교사의 감정을 객관적으로 정확하게 인식시켜 주는 것이 교사의 감정을 알리면서도 기본적으로 유아에게 사랑과 신뢰의 감정을 계속 유지하게 할 수 있다.

(2) 감정조절 및 충동억제

감정조절 및 충동억제는 유아가 부정적 정서를 잘 조절하고, 침착하고 계획적이며 인내심을 갖고 자신의 충동을 억제할 수 있는 능력이다. 이는 유아가 분노에 의해 방해 받지 않으면서 자신의 감정을 잘 조절할 줄 아는 것을 의미한다. 정서조절은 자신의 정서를 균형 있게 조절할 줄 아는 것이며, 이는 자신에 대한 인식을 기초로 형성된다(문용린, 1997).

긍정적인 사회적 상호작용의 유지와 건강한 또래관계의 발달에 결정적인 영향을 미치는 부정적인 정서표현을 조절하는 능력은 부정적인 감정의 강도와 지속을 막아 준다. 교사는 유아에게 자신의 억눌린 감정을 놀이를 통하여 표출할 수 있도록 놀잇감을 제공하여 유아들이 놀이를 통하여 정서를 순화할 수 있도록 돕고, 유아가 부정적인 감정을 가졌을 때 부정적인 감정의 원인, 결과, 바람직한 표현 방법 등에 대해 유아들과 함께 이야기함으로써 점진적으로 자신의 부정적인 정서를 다룰 수 있도록 지도하여야 한다(최옥현, 2007).

예를 들어, 규칙을 정할 때에는 유아들과 함께 충분히 이야기한 후에 유아들의 의견을 반영해서 정하도록 한다. 자신의 욕구나 감정을 억제하고 남들에게 규칙을 지켜야 하는 경우에 왜 규칙을 지켜야 하는지의 이유를 정확하게 이야기해 줄 수 있거나, 자기 자신도 그 규칙을 정할 때 참여한 경우라면 더욱 쉽게 규칙을 지킬 수 있게 될 것이다.

(3) 자기 정서의 이용

삶의 목표를 달성하기 위해 정서를 다스리고 이용하는 것이 정서의 이용이다. 따라서 자기 정서의 이용은 스스로 성취를 위해 노력하며 실패하더라도 여러 번 시도하고 좋은 결과를 얻기 위해 노력하는 자기 동기화의 능력이라고 볼 수 있다.

교사는 유아들이 자신감을 갖고 과제에 임할 수 있도록 도와주어야 하며, 유아 개개인을 있는 그대로 받아들이고 유아들이 자신의 흥미나 관심에 따라 원하는 것을 할 수 있도록 선택할 수 있는 기회를 제공하고, 유아기부터 내적 동기에 의해 스스로 무엇인가를 할 수 있도록 하는 것이 중요하다(Stroufe, 1997).

유아들이 실생활 속에서 자신의 정서를 적극적으로 활용하는 활동을 해 보게 함으로써 이런 습관을 몸에 익히도록 한다. 친구의 생일에 카드나 생일 파티를 준비해 주면서 자신의 감정을 친구에게 전달하고 같이 즐거움을 나눌 수 있는 경험을 하고, 적절한 행동을 통해 실생활에서 적용하는 체험을 하는 것도 사회적 관계 형성에 도움을 줄 것이다.

(4) 타인 정서의 인식 및 배려

타인 정서의 인식 및 배려는 유아가 타인의 감정 상태를 이해하여 이에 적절하게 반응하며 도움이 필요한 사람들을 배려할 수 있는 감정이입 능력이다. 감정이입은 타인의 감정을 이해하고 그 감정을 자신의 내부에서 재경험해 볼 수 있을 뿐 아니라 상황에 따른 감정과 기분의 학습을 가능하게 한다. 따라서 이러한 정서적 능력은 일반적으로 다른 사람의 정서 상태나 정서적 상황에 같이 어울릴 수 있어야 하므로 자신의 정서를 다룰 수 있는 능력이 획득된 후에 형성된다고 볼 수 있다(황의명, 박찬옥, 1997).

교사는 자기 자신부터 항상 즐거운 마음과 태도로 유아들을 대하고, 유아들을 인정하고 사랑하는 것이 필요하다. 유아들은 긍정적인 경험을 많이 할수록 정서가 안정된다. 교사는 평소에 유아들이 자신에 대해 자부심을 갖고 긍정적인 자아상을 만들 수 있도록 칭찬을 많이 해주고, 성공 경험을 할 수 있는 활동들을 준비해 주는 것이 좋다.

(5) 교사 및 또래와의 관계

교사와의 관계는 유아가 교사에게 친근감을 표현하고 잘 따르며, 긍정적인 상호작용을 할 수 있는 능력이다. 교사와 좋은 관계를 형성하기 위해서는 교사와의 상호작용을 먼저 시작하는 능력과 원하는 것을 정확하게 전달할 수 있는 의

사소통 능력, 그리고 친사회적 행동을 할 수 있는 능력 등이 있어야 한다. 이러한 사회적 상호작용이 교사와의 관계 기술을 발달시킨다(황의명, 박찬옥, 1997).

또한 놀이행동의 양적, 질적 증가를 위해서는 교사가 유아의 놀이에 적극적으로 참여하고 개입하는 것이 유아의 정서조절 기술과 대인관계 형성 기술의 향상에 도움이 된다.

또래와의 상호작용은 친구와 쉽게 사귀고 어울릴 수 있는 능력을 의미한다. 또래와 상호작용을 하는 과정에서 도움을 주고받는 평등한 수평적 관계 가운데 사회적 비교와 사회적 지지를 통한 상호 모델링의 효과를 얻을 수 있다. 또래와의 관계는 유아가 사회생활에서 다른 사람들과 어울려 지내는 데 필요한 기술을 습득하기 위한 기초적 관계 형성이라고 볼 수 있다. 유아기의 또래관계는 유아들에게 커다란 영향을 미친다. 인간관계 기술을 비롯한 사회성 발달, 성격 및 정서발달에 영향을 주고, 또래를 단순한 놀이친구가 아닌 신뢰와 공감의 대상으로 삼고 있으며, 또래의 지지는 유아의 사회적 적응에 도움이 된다.

4) 정서지능을 높여 주기 위한 실천적 방법

정서지능은 상당 부분이 교육과 훈련으로 길러질 수 있는 능력이다. 김언주(2000) 등은 정서지능을 촉진시킬 수 있는 교육환경을 정의적 측면, 인지적 측면, 행동적 측면으로 구분하여 제시하고 있다.

(1) 정의적 측면

- 인물사진이나 그림을 보고 그 사람의 감성 상태를 설명해 보도록 한다.
- 아동 동화책에 나오는 주인공의 감성 상태를 설명하도록 한다.
- 거울을 보고 희노애락의 감성 상태를 표현해 보도록 한다.
- 매일 매일의 감성 상태를 여러 가지 색깔로 표현해 보도록 한다.

- 우울할 때나 기분 나쁠 때 기분 전환하는 방법을 가르쳐 준다.
- 성취하고 싶은 성적이나 하고 싶은 일을 정해 놓고 스스로 해내도록 한다.

(2) 인지적 측면

- 만화영화에 나오는 등장인물이 되어 그들의 느낌을 느껴 보도록 한다.
- 모든 일이 잘 될 것이라는 신념을 갖도록 한다.
- TV에서 방영되는 연속극 중 인물들의 생각과 느낌을 설명해 보도록 한다.
- 사람들이 화가 나거나 슬플 때 어떻게 행동하는지에 관해 설명해 준다.
- 자신의 느낌을 자신에게 고백하는 식으로 내면적 대화를 하도록 지도한다.

(3) 행동적 측면

- 몸짓, 얼굴표정, 언성 등 비언어적인 행동을 적절하게 표현하는 연습을 시킨다.
- 상대방이 말하는 동안 그의 표정이나 언성 등을 통해 상대방의 감성 상태를 읽어 내는 연습을 시킨다.
- 자신의 감성 상태를 말로 표현해 보는 기회를 준다.

5) 정서지능 측정도구

문용린의 정서지능 측정도구는 성인용, 유치원과 초등학교 저학년용, 초등학교 고학년과 중학생용으로 구분되어 있다(1997).

〈성인용〉

1. 설악산에서 겨울등반을 하다 폭설 때문에 하산을 하지 못하고 조그만 동굴에 피신하게 되었다. 이미 날이 어두웠고, 워낙 깊은 산속이라 구조대도 찾아올 것 같지 않다. 이 때 당신이라면 어떤 행동을 할 것 같은가?

① 느긋하게 마음먹고 날이 밝을 때까지 잠을 자도록 노력한다.
② 어떻게 해서든지 조난 사실을 알리고자 할 만한 행동을 무엇이든 해 보려고 한다.
③ 무섭고 겁이 나서 바들바들 떨기만 하고 별로 도움이 되는 행동은 못 한다.
④ 동굴 속에 갇혀 있기보다는 위험을 무릅쓰고라도 하산길을 찾아 나선다.

2. 당신은 인기 있는 의사라서 사무실 밖에 10여 명의 환자가 언제나 차례를 기다리고 있다. 어느 날 진료 중에 창밖을 내다보니 오래 전에 헤어져 소식이 궁금했던 친구가 긴 줄의 끝에 서 있다. 이 때 당신은 어떤 행동을 하겠는가?

① 반가운 김에 뛰어가서 인사를 하고 사무실로 안내해서 우선 먼저 진료를 해 준다.
② 차례가 되면 자연히 만나게 될 것이므로 환자들 순서대로 진료해 나아간다.
③ 밖으로 나가 친구에게 인사를 한 후에 돌아와 순서대로 진료해 간다.
④ 일부러 잠시 휴식시간을 만들게 하여 친구를 불러 인사를 하고 친구가 급하다고 하면 그 시간에 진료해 준다.

3. 당신은 주사가 조금 있는 편이다. 엊저녁에도 상사와 부하직원이 함께 있는 회식 자리에서 술주정을 상당히 심하게 했단 소리를 들었으나 전혀 기억이 나지 않는다. 아침에 출근해서 당신은 주로 어떤 행동을 하는가?

① 술자리에서 벌어진 일을 운운하는 것은 웃기는 일이므로 그냥 가만히 있는다.
② 미안하고 창피하므로 찾아다니면서 사과를 한다.
③ 우선 무슨 내용의 술주정을 했는지 알아본 후 무엇을 할지 생각한다.
④ 술주정을 한 것이 창피하고 부끄러워서 두 번 다시는 취하도록 먹지 않겠다고 결심한다.

4. 당신의 대학생 딸아이가 배꼽티를 입고 다닌다. 몇 차례 입지 말라고 권유를 했지만

여전히 입고 다니는 것을 우연히 먼 거리에서 보게 되었다. 심하게 나무랐더니 남들은 다 입고 다니는데 왜 말리느냐고 반발하면서 자신은 계속 입고 다니겠다고 외치며 자기 방으로 들어가 버렸다. 이럴 경우 당신은 어떻게 하겠는가?

① 부모 말을 우습게 여기는 버릇을 고쳐야 하기 때문에 외출 금지 또는 용돈 금지를 심각히 생각해 본다.
② 다 큰 아이의 버릇을 고치기는 어렵기 때문에 그 정도 수준에서 그치고 하자는 대로 내버려둔다.
③ 배꼽티를 입고자 애쓰는 딸아이의 심정이 무엇일까 생각해 본다.
④ 딸아이를 그렇게 키운 부모로서의 책임을 통감하면서 왜 그렇게 되었는지 생각해 본다.

5. 당신은 A라는 일류기업에 입사하기를 오래 전부터 꿈꾸어 왔다. 1차시험 결과가 별로 신통치 않아서 2차시험을 여간 잘 보지 않는 한 합격하기란 실제적으로 어려워 보인다. 이럴 때 당신은 어떻게 행동할 것인가?

① 마지막까지 해 보아야 하므로 2차시험에 대한 준비에 철저히 매달린다.
② 1차시험의 영향력이 얼마나 큰지 알아보고 별 가능성이 없어 보이면 일찌감치 포기한다.
③ 1차시험의 후유증 때문에 2차시험 준비는 잘 안될 것이 뻔하다고 생각한다.
④ 1차시험 실패에서 야기되는 심리적 타격을 최대한 감소시키면서 2차시험에 여전히 희망을 건다.

6. 당신은 어느 직장의 상사이다. 직장 내에서 영호남 등 지역 차별의식이 생기면 직장이 망하고 국가가 망한다고 굳게 믿고 있다. 그래서 직원들에게 그런 자신의 입장을 널리 알린 바 있다. 어느 날 당신은 직원 몇 명이 지역 차별적 농담을 하며 희희낙락하는 것을 우연히 듣게 되었고 대단히 불쾌하게 여겼다. 당신은 이제 그들에게 어떻게 할 것인가?

① 아무리 그래도 농담을 한 것에 지나지 않으므로 모른 체한다.
② 후에 정식으로 호출해서 나무란다.
③ 즉석에서 그들의 잘못을 나무라고 왜 그것이 나쁜 일인지 설명한다.
④ 그 사람들에게 징계조치를 내린다.

7. 당신은 어느 보험회사의 설계사이다. 오늘 하루 종일 고교 동창생을 중심으로 15명에게 전화를 걸어 모집 권유를 했으나 모두 거절당했다. 그래서 지금 당신은 매우 기분이 저조한 상태이다. 당신은 어떤 행동을 하게 되는가?

① 오늘은 거절을 많이 당했으니 내일은 오히려 더 좋아질 것이라고 스스로 위로하면서, 내일은 어느 친구에게 전화를 걸지를 챙긴다.

② 친구들에게 공연히 부담을 주고 사이만 멀어지게 할 것 같으므로 내일부터는 친구가 아닌 다른 사람들에게 모집 권유를 하기로 마음먹는다.

③ 보험 설계사 자체가 나의 적성과 맞는지 아닌지에 대해서 다시금 심각하게 생각해 보고, 필요하면 며칠이 걸리더라도 따져 본다.

④ 친구들에 대한 원망과 실망이 크지만 그들이 결국 보험을 들어 줄 가능성이 가장 큰 집단이므로 속마음을 진정시키고 계속 전화한다.

8. 어느 날 밤늦게 귀가하던 중 골목에서 뺑소니 차량 사고가 발생했다. 우연히 목격한 뺑소니 운전사는 같은 마을 친구였다. 당신은 어떻게 할 것인가?

① 친구를 찾아가서 자수하라고 권유한다.

② 전혀 모르는 체한다.

③ 피해자의 다친 정도에 따라 다르게 행동한다.

④ 뺑소니는 나쁜 행동이므로 피해자에게 알려 준다.

9. 당신은 오늘 아침 부인(남편)과 돈 문제로 심한 언쟁을 벌이고 출근했다. 하루 종일 그 일이 마음에 걸려 일손이 잡히질 않는다. 자존심을 잔뜩 긁어 놓은, 욕에 가까운 인신공격 때문에 아직도 그에 대한 분은 풀리지 않고 있다. 당신은 이럴 때 어떻게 하는가?

① 이 상태로 집에 들어갈 마음이 들지 않기 때문에 퇴근 후 어디를 갈지 이리저리 생각해 본다.

② 집으로 돌아가서 상대방이 한 말을 어떻게 따져들고 내 입장이 다른 것을 어떻게 설명할지 곰곰이 생각한다.

③ 배우자와의 이런 갈등이 두 사람 모두에게 얼마나 손해인지를 생각하면서 어떤 방식으로든 화해를 할 필요가 있다고 생각한다.

④ 집에 있는 아내(남편)도 오늘 하루 매우 언짢게 보냈을거라는 생각에 미안한 마음을

갖고 빨리 집에 돌아가야겠다고 생각한다.

10. 당신은 지금 인천 공항으로 가는 택시 안에 있다. 30분 내로 도착하지 않으면 비행기를 놓칠 것이다. 그러나 워낙 차가 많아서 택시는 꼼짝도 못하고 있다. 이럴 때 당신이 하게 되는 행동은?

① 마음을 졸여 보았자 소용이 없으므로 책을 읽거나 라디오를 듣는다.
② 조바심이 나서 딴 생각은 전혀 할 수 없다.
③ 늦어서 비행기를 놓치게 되면 그 대신 무엇을 어떻게 할 것인지 곰곰이 생각해 본다.
④ 가면 가고 못 가면 못 가는 것이라고 느긋하게 생각하고 편한 마음을 갖도록 한다.

※ EQ점수 이렇게 채점하세요.

1.	①=10,	②=20,	③=0,	④=0
2.	①=5,	②=0,	③=20,	④=5
3.	①=0,	②=10,	③=20,	④=5
4.	①=0,	②=0,	③=20,	④=5
5.	①=10,	②=5,	③=0,	④=20
6.	①=0,	②=10,	③=20,	④=5
7.	①=20,	②=0,	③=5,	④=0
8.	①=20,	②=0,	③=5,	④=0
9.	①=0,	②=0,	③=10,	④=20
10.	①=5,	②=0,	③=20,	④=5

※ 이제 각 문항에 대한 점수를 모두 합해 보십시오.

- 200점 : 당신은 EQ의 천재, 완벽한 정서지능의 소유자입니다.
- 175점 이상 : 당신은 대단히 높은 정서지능의 소유자, 타인의 감정에 예민하고 자신의 정서와 감정통제 능력이 있습니다.
- 150점 이상 : 당신의 정서지능은 높은 편입니다. 신념을 향해서 나가되 대인관계 능력이 좋아서 인기를 얻을 수 있습니다.
- 125점 이상 : 당신의 정서지능은 평균 이상입니다. 감정의 절제와 타인의 처지에 예민한 편입니다.

- 100점 이상 : 당신의 정서지능은 평균수준입니다.
- 75점 이상 : 당신은 정서와 감정 능력의 부족으로 문제를 겪으실 우려가 약간 있습니다.
- 50점 이상 : 당신 자신과 타인의 정서에 무딘 편입니다. 정서지능 계발에 관심을 가지십시오.
- 25점 이상 : 당신은 자신과 타인의 정서는 물론 그 상황과 처지에 대단히 무감각한 편입니다. 타인에 대한 관심을 크게 증대시킬 필요가 있습니다.
- 0점 : 당신은 자신의 감정과 타인의 입장을 고려하지 못하는 정서적 장님입니다.

출처 : 문용린, 1997, 성인용 정서지능 측정도구

〈초등학교 저학년, 유치원 아동〉

1. 나는 지금 내 기분이 어떤지 정확하게 알고 있다.
① 항상 그렇다
② 가끔 그런 편이다.
③ 그렇지 않다.

2. 나는 화가 난 것과 짜증이 난 것은 다르다고 생각한다.
① 그렇다.
② 아니다(모르겠다).

3. 나는 슬프다는 것과 부끄러운 것이 다르다고 생각한다.
① 그렇다.
② 아니다(모르겠다).

4. 내 짝이 상을 받거나 칭찬을 받아서 좋아한다. 나는 속으로는 축하해 주고 싶지만 그렇지 못한 적이 있다.

① 항상 그렇다.
② 가끔 그런 편이다.
③ 그렇지 않다.

5. 길에서 평소에 좋아하는 선생님을 보았다. 나는 속으로는 달려가서 인사를 하고 싶지만 그렇지 못한 적이 있다.
① 항상 그렇다.
② 가끔 그런 편이다.
③ 그렇지 않다.

6. 나는 얼굴 표정만 보고도 그 사람이 화가 났는지 알 수 있다.
① 항상 그렇다.
② 가끔 그런 편이다.
③ 그렇지 않다.

7. 나는 목소리나 말투만 들어도 그 사람이 기분이 좋은지, 나쁜지 알 수 있다.
① 항상 그렇다.
② 가끔 그런 편이다.
③ 그렇지 않다.

8. 친구도 없이 외톨이로 혼자 다니는 아이를 보면 불쌍하게 느껴진다.
① 항상 그렇다.
② 가끔 그런 편이다.
③ 그렇지 않다.

9. 육교나 지하철에서 구걸하는 사람을 보면 마음이 아프고 불쌍하다.
① 항상 그렇다.
② 가끔 그런 편이다.
③ 그렇지 않다.

10. 나는 내가 원하는 것을 엄마가 사 줄 때까지 떼쓰고 조른다.
① 항상 그렇다.
② 가끔 그런 편이다.
③ 그렇지 않다.

11. 놀이터에서 친구가 나를 밀어 화가 났다. 이럴 때에는 나도 그 친구를 밀어버린다.
① 항상 그렇다
② 가끔 그런 편이다.
③ 그렇지 않다.

12. 내 짝이 선생님께 야단을 맞고 기분 나빠하고 있다. 이럴 때 나는 짝의 기분을 좋게 해 주기 위해 노력한다.
① 항상 그렇다.
② 가끔 그런 편이다.
③ 그렇지 않다.

13. 나는 기분이 나쁘더라도 친구가 말을 걸면 정답게 말을 들어 줄 수 있다.
① 항상 그렇다.
② 가끔 그런 편이다.
③ 그런 적이 없다.

14. 나는 선생님이 기뻐하시도록 얌전하고 똑똑하게 행동한다.
① 항상 그렇다.
② 가끔 그런 편이다.
③ 그렇지 않다.

15. 나는 친구가 울 때 그의 기분을 바꾸어 주기 위해 노력한다.
① 항상 그렇다
② 가끔 그런 편이다.

③ 그렇지 않다.

※ EQ 점수 이렇게 채점하세요.

▶ 문항 번호 4, 5, 10, 11번의 경우

①의 경우는 0점

②의 경우는 1점

③의 경우는 2점으로 채점한다.

▶문항 번호 1, 2, 3, 6, 7, 8, 9, 12, 13, 14, 15의 경우

①의 경우는 2점

②의 경우는 1점

③의 경우는 0점으로 채점한다.

채점을 끝냈다면, 각 문항별 점수를 모두 합하여 총점을 낸다. 이렇게 했을 때 만점은 30점이 되고, 최하점은 0점이 된다. 점수대별 평가는 다음과 같이 할 수 있다.

※ 평가

◎ 30~26점 : 당신 자녀의 EQ점수는 매우 높습니다.

◎ 25~21점 : 당신 자녀의 EQ점수는 높은 편입니다.

◎ 20~16점 : 당신 자녀의 EQ점수는 보통입니다.

◎ 15~11점 : 당신 자녀의 EQ점수는 낮은 편입니다.

◎ 10점 이하 : 당신 자녀의 EQ점수는 매우 낮습니다.

출처 : 문용린, 1997, 유아용 정서지능 측정도구

	1	2	3	4	5
1. 나는 슬픈 영화를 보면 쉽게 울고 만다.					
2. 어떤 음악을 들으면 감동을 받는다.					
3. 길가에서 다친 짐승을 보면 마음이 동요된다.					
4. 남의 감정에 대해서는 별로 생각하지 않는다.					
5. 서로 다정하게 지내는 사람을 보면 나도 행복해진다.					
6. 다른 사람이 고통을 당하는 것은 나를 불안하게 만든다.					
7. 나는 언제나 주변 사람들과 기분을 맞추려고 노력한다.					
8. 천대 받는 아이를 보면 마음이 어지러워진다.					
9. 애완동물들은 너무 많은 고통을 당한다.					
10. 누군가 불안해하면 나도 불안해진다.					
11. 함께 있는 사람들이 웃으면 나도 따라 웃는다.					
12. 어떤 사람이 부당한 대우를 받는 것을 보면 화가 난다.					
13. 사람들이 서로 다정하게 대하는 것을 별로 눈여겨보지 않는다.					
14. 서로 즐거워하며 웃고 있는 사람들을 보면 나도 행복해진다.					
15. 나는 다른 사람들의 감정에 쉽게 빠져든다.					
16. 내 감성은 내 것일 뿐 남에게 영향을 주지 않는다.					
17. 많은 사람들이 무언가에 흥분하면 나도 그렇게 된다.					
18. 다른 사람을 위해 좋은 일을 하거나 도와주었을 때 기분이 좋다.					
19. 나는 다른 사람들에 대해 깊이 생각한다.					
20. 나는 쉽게 울지 않는다.					
21. 나는 다른 사람들의 고통을 느낄 수 있다.					
22. 다른 사람들이 웃으면 나도 웃게 된다.					
23. 행복한 사람들과 함께 있으면 나도 행복해진다.					
24. 다쳤거나 아픈 아이들에 대해 TV나 이야기로 들으면 마음이 아주 동요된다.					
25. 책을 읽다가 슬픈 대목이 나오면 울게 된다.					
26. 우울한 사람들 가운데 내 기분도 우울해진다.					
27. 사람들 가운데 누가 울고 있는 것은 귀찮은 일이라고 생각한다.					
28. 다른 사람이 고통스러워하는 것을 보는 것은 괴로운 일이다.					
29. 남을 도와주는 사람을 보면 친근감을 느낀다.					
30. 다른 사람이 즐거워하면 나도 즐겁다.					

〈김언주의 감정이입 측정도구〉 (김언주 외, 2000)

이 검사는 30개의 문항으로 되어 있으며, 5단계 척도로 응답할 수 있다. 얼마만큼 남의 감정과 공감할 수 있는가를 검사하는 도구이다. 각 문항에서 반응한 점수의 합계가 이 검사의 점수가 된다(단, 4,13,16,20,27번 문항은 반대로 채점함). 따라서 이 검사의 최고점수는 150점이고 최저점수는 30점이 된다. '전혀 아니다' 에서 '아주 그렇다' 까지 5점의 척도로 되어 있다.

2. 자아실현 이론

1) 자아개념의 발달

심리적으로 잘 적응하고 행복감을 느끼고 효율적인 기능을 하기 위해서는 아이나 어른이나 자존심이 있어야 한다. 자기 자신에 대한 개인의 판단과 자신에 대한 태도를 가리키는 용어를 자아개념이나 자존심이라고 한다. 많은 어린이들은 대체로 자존심이 높고, 목표를 달성하고, 학업을 수행하고, 부모 및 동료와 원만한 관계를 맺을 수 있는 자신의 능력을 믿고 있다. 그러나 자아개념은 전체적으로 볼 때에는 그렇지만 구체적인 능력들을 하나하나 살펴보면 차이가 난다. 예를 들어, 유치원 생활에서 자존심이 높은 아이라도 다른 친구들과 인기면에서는 자신이 없을 수도 있다.

전체적으로 보아 자아개념이 높은 어린이는 일을 하거나 다른 사람을 대할 때 인정을 받고 성공을 거두리라는 기대를 가진다. 따라서 자기의 판단대로 따르고, 확신을 내세우고, 새로운 생각을 표현할 수 있다. 그러나 대체적으로 자신이 없는 어린이는 엉뚱하고 이상한 생각을 한다는 말을 들을까 봐 겁을 내고 남의 주목의 대상이 되는 것을 피하려고 한다. 이러한 어린이는 사회집단의 그늘 속에서 살려고 하며, 참여하기보다는 듣는 쪽에 서고, 참여하는 의견을 주고받기보다는 이를 피하여 고독을 택한다(Mussen · Rutherford, 1961).

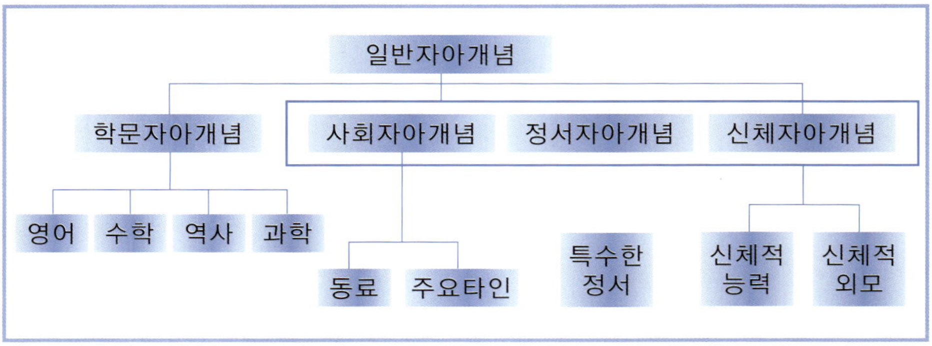

[그림 2-2] 자아개념의 위계적 구조 모형(Shavelson 외, 1976)

어린이의 자아개념은 부모와의 동일시뿐만 아니라 주로 가정 내에서의 경험에 의해 형성된다. 이러한 사실은 청년전기의 소년과 부모에 대한 연구에서 분명하게 드러났다(Colemen 외, 1996). 이 연구에서는 청소년들에게 자기 자신과 학교 및 공부와 인간관계에 대해 어떻게 느끼고 있는지 묻는 질문에 답하게 하는 간단한 자기 보고서를 작성하게 하였다. 그리고 부모들도 이 연구에 참여시켜 그들의 성격적 특성, 자녀의 양육방법, 부부생활에 대해 묻는 질문에 답하게 하였다.

이 자료를 보면 자존심이 높은 아이의 부모는 자신감이 있고 정서가 안정되어 있고, 자립심이 강하고, 쾌활하고, 자녀의 양육방법이 훌륭하고, 부부가 서로 조화를 이루고 있었다. 그리고 자존심 높은 아이의 어머니는 아들과 관계에 있어서 수용적이고 지지적인 자세를 가지고 있었으며, 날마다 관심과 애정을 통해 이러한 감정을 표현하고 있었다. 그리고 규칙을 일관성 있게 강화시켜 주었고 아들의 행동을 수정하는 데 보장과 비강제적인 방법을 사용하였다. 필요한 때는 적절하게 벌을 주었지만, 보통 아버지를 통해서였다. 의사결정을 할 때 아들의 의견을 물었고 그 의견을 존중했으며, 견해차가 있을 때에는 양보도 했다. 그들의 가정에서는 토론의 자유가 주어져 소년들도 자신이 가정문제에 진정한 참여자라고 확신하고 있었다. 따라서 그들은 자기 자신의 견해에 대해 신뢰를 가지고 있었고, 이러한 신뢰는 다른 상황에서도 자신감을 불러일으켰다.

이와는 대조적으로 자신감이 부족한 어린이의 아버지는 자녀들을 짐으로 생각하고 자녀들을 거칠고 무례하게 다루었으며, 별도의 지도를 하지 않았다. 그리고 자녀들이 잘못된 행동을 할 때 어떤 때는 무관심하게 지나치다가 어떤 때는 심하게 벌을 주는 등 훈육에 있어서 일관성이 없었다. 두 집단의 부모들 사이에 가장 큰 차이가 나는 것은 "어린이는 자기 자신의 견해를 가질 수 있는 권리가 있고 또 그것을 표현할 수 있어야 한다."는 문항이었는데 자존심 높은 어린이의 부모는 93%가 찬성한 반면, 자존심이 낮은 아이의 부모는 9.7% 밖에 찬성하지 않았다.

아동 초기에는 신체활동이 활발하고 호기심도 왕성해서 아동이 잠시나마 가만히 정지해 있는 시간이 없으며, 깨어나서 잠들 때까지 계속 움직이는 것이 일과이다. 이러한 움직임이 여러 가지 활동으로 나타나는데, 이렇게 하는 것이 아동의 '일'이다. 이 시기의 일은 주로 '놀이'이다. 놀이를 통해서 아동은 운동기술을 숙달시키고, 성취감을 키우며, 사회적 관계를 알게 되고, 타인의 역할도 수용하고 현실에서 경험하는 좌절을 해소하기도 한다.

이와 같은 놀이는 심리적, 교육적, 사회적 의미를 가지기 때문에 발달상 대단히 중요한 것이다.

2) 자아개념과 자아인식

자아개념(self-concept)은 성장과정에서 관계를 맺는 '의미 있는 타자들'(significant others)과의 상호작용의 결과로 인해 형성되며, 이러한 경험의 축적을 통해서 자아개념은 변화할 수 있다. 생애 초기에 부모와의 관계에서 형성되는 기본적 신뢰감은 부모뿐 아니라 친척, 교사, 또래, 이웃 등의 '의미 있는 타자들' 과의 관계를 통해 개인적 자아와 사회적 자아로 발달해 간다.

일반적으로 자아개념의 수준이 높은 유아들은 낮은 유아들보다 인지적, 정의적 성취도가 더 높은 것으로 알려져 있다. 와텐버그와 클리포드(Wattenberg & Clifford)의 연구에 의하면, 아동 및 유치원의 유아들도 자아에 대한 느낌이 학습의 발달을 예견할 수 있는 지표가 될 수 있다고 하였다(Walsh, 1980).

자아인식(self-awareness)은 자아에 대한 건강성을 의미한다. 건강한 자아개념은 자기중심적이거나 이기적인 것이 아니라 자신을 가치 있는 인간으로 보는 관념이다. 즉, 자신을 긍정적인 관점에서 대상화하는 첫 단계이기 때문에, 이러한 자아인식은 다른 사람들을 이해하고 좋은 관계를 형성하는 데 기초가 된다.

이기숙(2000)은 자아인식에 대한 전개 과정을 다음과 같이 소개하고 있다.

(1) 자아에 대한 개념

유아가 자신과 자신의 능력에 대한 생각 및 미래에 대한 자신의 기대감, 그리고 자신과 다른 사람들의 특징의 다른 점 혹은 차이점을 인식하는 것을 의미한다.

(2) 공동체의 구성원으로서의 자아개념

자기 자신을 한 개인으로 의식하는 자아 개념에서 사회적인 관계를 인식한 집단에 포함된 자아라는 개념으로 의식하게 되는 것을 의미한다.

(3) 자아 존중에 대한 개념

자아 존중감이란 자기 자신이 남으로부터 승인을 받고 가치가 있으며, 소중한 사람인가를 스스로 평가하는 느낌을 의미한다. 이러한 개념은 유아에 대해 다른 사람이 느끼고 반응하는 판단에 의해 형성된다.

3) 매슬로우의 성취 이론 (Achievement Theory)

매슬로우

성취 이론가들은 인간의 행동이 무의식적 충동과 유아기의 경험에 의해 통제된다는 정신분석학파의 견해에 반대한다. 그들에 의하면, 인간은 자신의 의지로서 삶의 방향을 결정하며, 현재의 사건과 미래에 대한 희망이 인간 발달의 중요한 요인이 된다. 따라서 인간은 자신의 개인적 잠재성을 성취하기 위하여 동기가 유발되며, 보다 충분히 기능하는 상태를 향하여 나아가는 존재이다. 대표적인 성취이론가인 매슬로우(Maslow)의 이론에 대해 살펴보고자 한다.

매슬로우(Maslow, 1954, 1968, 1971)는 인간은 개인적 발달을 위한 잠재력을 지니고 있으며, 기본적으로 선하고 자아실현(self-actualization)을 위해 노력하는 존재라고 믿었다. 그는 인간은 기본 욕구와 성장 욕구를 지니고 있다고 가정하였다.

한편, 자아실현의 욕구는 성장 욕구이다. 그것은 개인의 능력과 잠재성을 충분히 성취하고 창조적으로 사고하고 행동하도록 하는 동시에 정의를 실현하고 진실과 질서 그리고 통합을 추구하도록 유도한다.

다음 〈그림 2-3〉은 욕구 5단계들의 모형이다.

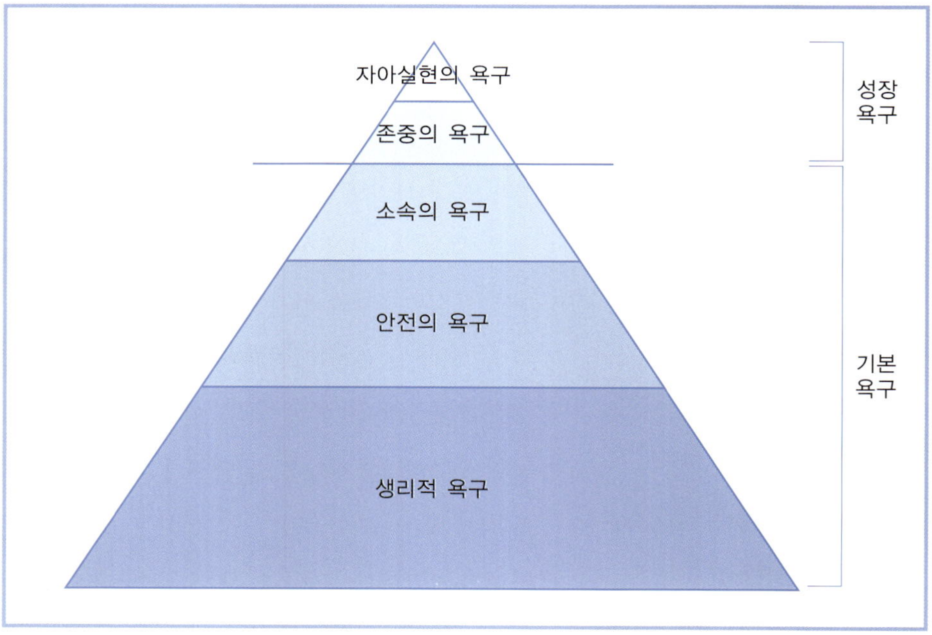

[그림 2-3] 매슬로우의 욕구 5단계 모형

(1) 생리적 욕구

음식, 물, 공기, 수면 및 성과 같은 명백한 욕구이며, 이들 욕구의 만족은 생존을 위해서 필수 불가결한 것이다. 그렇기 때문에 생리적인 욕구는 모든 욕구 중에서 가장 강력하다.

(2) 안전의 욕구

우리의 생리적인 욕구가 잘 처리되고 나면 안전의 욕구에 의해 동기가 유발된다. 안전의 욕구에는 안정, 보호, 질서 및 불안과 공포로부터의 해방 등과 같은 욕구가 포함된다. 그러나 건강한 성격을 가진 사람들에게 있어서 안전의 욕구는 엄청난 것도 아니며 꼭 가져야 할 욕구도 아니다.

가지고 있는 모든 돈을 저축하지 않고 집에 둔다든지, 새로운 직업에 도전하고자 안정된 직업을 버리기도 한다. 우리들 대부분은 안정의 욕구를 위하여 모든 것을 희생하거나 포기하지는 않으나 안정과 안전이 전혀 없다면 우리는 불안하게 된다.

(3) 소속의 욕구

우리는 안전과 안정을 어느 정도 이룩했을 때 소속과 애정의 욕구를 만족시키고자 노력하게 된다. 어떤 단체나 클럽에 가입하기도 하고, 어떤 특정한 사람 혹은 모든 사람과의 친밀하고 아껴 주는 관계를 이룩함으로써 애정의 욕구를 만족시킨다.

(4) 존중의 욕구

애정과 소속의 욕구를 충분히 만족시키게 되면 자아 존중감을 필요로 하게 된다. 자아 존중감은 '다른 사람들이 자기를 존중히 여겨 주기 때문에 갖게 되는 가치 존중' 과 '스스로 자기를 존중히 여기는 자기 존중' 이 있다. 전자는 다른 사람들이 우리를 훌륭하게 생각해 주지 않는다면 우리 자신을 훌륭한 사람이라고 생각하기 어려우므로 이는 일차적이다.

명성, 존경, 지위, 평판, 위신 혹은 사회적인 성공에 기초를 두며, 다른 사람들이 우리를 어떻게 생각하며 우리에게 어떻게 반응하는가의 총체적인 특성이다. 그리고 후자를 가질 때 우리는 자신에 대해 자신감과 안정감을 가지며 자신이 가치 있고 적절한 사람이라고 생각한다. 우리가 자기 존중감을 가지고 있지 못할 때는 열등감을 느껴 용기를 잃고 삶을 엮어나가는 데에 무력하게 된다.

(5) 자아실현의 욕구

지금까지 언급한 욕구들을 모두 만족시켰다면, 가장 높은 욕구인 자아실현의 욕구로 향하게 된다. 자아실현은 우리의 모든 능력을 최대한 개발하고 사용하는 것이며, 또한 소질과 재능을 발휘하는 것으로 정의할 수 있다.

우리는 지니고 있는 잠재력을 최대한 발휘하지 않으면 안 된다. 비록 낮은 수

준의 욕구가 만족된다 하더라도 자아실현의 욕구를 만족시킬 수 있는 기회를 가지지 못한다면 좌절감과 불안감과 불만을 느끼게 될 것이다. 만약 그렇게 된다면 우리는 자신을 평온하게 유지시킬 수 없고, 심리적으로도 건강하다고 말할 수 없다(안영진, 1997).

3. 도덕성 발달 이론

1) 피아제의 도덕성 발달 이론

피아제

피아제(Piaget)에 의하면, 모든 도덕성은 규칙체계들로 이루어져 있으며, 유아들이 이러한 규칙들을 어떻게 알게 되고 존중하게 되는지를 밝히는 것이 바로 발생론적 심리학의 과제라고 보았다. 아동이 도덕규칙을 깨닫게 되는 분명한 방법 중의 하나는 성인이 부과하는 지시와 명령에 따르는 것이다. 또한 아동은 성인 사회화의 주체, 특히 부모의 설득 때문에 도덕적 실재주의에 대해 사회화된다고 알려졌다. 유아가 성인의 가르침에 순종하고 집단의 규율을 지킬 때 비로소 도덕적 사회화가 완성된다(Durkheim, 1973).

피아제는 칸트(Kant)나 듀크하임(Durkheim)에게서 도덕의 시초를 보고, "모든 도덕은 규칙의 체계이고, 핵심은 개인이 규칙에 대해 느끼는 존경 안에서 존재한다."(Piaget, 1983)는 그들의 입장을 아동의 도덕발달에 적용하였다. 상대적으로 단순한 놀이규칙의 분석에서 피아제는 특별히 두 요소로 나누어 연구하였다. 첫째는 규칙의 실행, 즉 다양한 연령의 아이들이 실제로 규칙을 적용하는 방식, 둘째는 규칙의 자의식, 즉 다양한 연령의 아이들이 놀이규칙의 의미화된 특성 혹은 자기결정, 타율성 또는 자율성 등 놀이규칙의 개념을 어떻게 생각하는가에 대한 방식이다(Piaget, 1983). 피아제와 그의 동료들은 놀이규칙을 스스로 만들어 대대로 전해내려온 구슬놀이 연구를 통해서 놀이규칙의 실천에 대해 네 가지 단계를 다음과 같이 정리하였다.

(1) 첫 번째 단계 : 단순한 개인적 규칙성

첫 번째 단계는 도덕적 규칙 실천의 확증에 대해 단지 아주 작은 흥미를 지닌다. 왜냐하면 유아들은 엄격한 의미에서 결코 규칙을 유도하는 놀이를 하지 않기 때문이다. 유아들은 놀이에 열중하지만, 유아들끼리 가능한 한 주의를 기울여 대화하거나 논의하지 않기 때문에 규칙을 확인할 수는 없다. 물론 피아제는 이미 규칙 실천의 이 첫 번째 단계의 진행에서 유아가 어느 정도 의식적인 것을 따르고 취득하는 어떤 규칙성이 나타난다는 것을 강조했다. 그러나 이 규칙성은 결코 의무적인 특성을 갖춘 규칙성과 달라서 도덕적 규칙과는 구분된다(Garz, 이효선 역, 1999).

(2) 두 번째 단계 : 큰 아이들의 모방과 자아중심주의

두 번째 단계에서 중심적 성격으로 피아제는 이기주의 개념을 '사회화된 행동과 순수한 개인적 행동 사이의 중간 단계'로서 선택했다(Piaget, 1989). 이는 개념 자체에서 두 개의 상반된 행동양식을 포함한다. 하나는 유아들이 놀이와 놀이 이해를 더 나이 많은 유아들로부터 알게 된다는 것이고, 다른 하나는 완전히 자기 자신에게만 관심을 둔다는 것이다. 즉, 자기 자신의 생각들과 필요나 요구에 고착되어 있다고 볼 수 있다.

• 소년(6세)

자주 놀이하니? - 네.

누구와? - 혼자.

왜 혼자 노니? - 둘이 필요치 않아요. 혼자 놀이할 수 있어요(Piaget, 1938).

규칙적으로 서로 놀이하는 친구 사이에서조차 각자 자기 자신의 놀이를 하며 서로의 이해에 대해서는 거의 언급이 없다는 것이 나타난다. "아이들은 아주 다른 규칙을 언급할 뿐 아니라 함께 놀 때 서로서로 감시하지도 않으며, 놀이하는 동안에 그때그때의 규칙들을 단 한 번도 통일하지 않는다. 그로 인해 실제 놀이에서도 다른 아이들에 대해 이기려 하지 않는다는 결론이 나온다. 각자 단순히 자신의 즐거움을 추구한다. 이를 보면 놀이의 흥미는 운동적인 힘의 형성을 통해서이지 상대와의 논쟁을 통해 행해지는 것이 아닌 것이 분명하다고 볼 수 있다"(Piaget, 1983).

(3) 세 번째 단계 : 공동작업

이 단계의 중심적 특징은 유아들의 '사회적 흥미'이다. 더 이상 운동적인 능숙함만으로 놀이를 교정하는 것이 아니라, 규칙의 공동 확립과 실행이 등장함으로써 놀이는 비로소 상대편과 서로 관계된 것 안에서 그 의미를 발견하게 된다.

그러나 이 시기의 유아들은 여전히 규칙에 대한 이해가 매우 일반적이며, 개개의 것들은 상이하게 확립되었다는 것을 제한적으로 이해한다. 놀이에서조차 유아들은 최고의 정보자들을 따르거나 혹은 가장 단순한 놀이 변형에 합의하게 된다. 그러나 앞 단계와 달리 유아들의 사회적 교환에 대한 흥미가 높아지고 규칙이 확고하게 고정되어 있다고 할지라도 그러한 규칙의 적용은 관계에 따라 상대적으로 작용하게 된다.

(4) 네 번째 단계 : 규칙에 대한 흥미

규칙들은 사회적인 상호작용을 유도하고 유아들은 근본적이거나 단지 방법적 방식을 다루는 것으로 인해 생겨날 수 있는 법적인 논쟁에 관심을 가진다. 피아제는 8명의 10~11세 아이들의 놀이행동을 예를 들어 서술하였다. 아이들은 눈뭉치 던지기 놀이를 하기 위해 먼저 대장을 선출하고, 대장 선출을 위해 규칙을 정하고, 그 다음 두 진영으로 나누고 던지는 순서와 간격을 정하고, 마지막으로 반칙의 경우 벌을 정하는 데 약 15분의 시간의 보냈다(Piaget, 1983). 이 도덕성의 네 번째 단계에 이르러서야 비로소 서로 놀이를 하는 것에 익숙해질 뿐 아니라, 그들의 흥미로 인해 스스로 규칙을 발견하고 확정하고 방어의 능력을 가질 수 있게 된 것이라 볼 수 있다.

피아제는 이와 같은 규칙에 대한 연구를 토대로 아동의 도덕발달을 두 단계로 정리하고, 첫 번째 국면을 강제의 도덕성(morality of constraint)으로 보았다. 유아는 성인의 우월함에 압도되어 그것에 강제되며, 따라서 맹목적인 복종이 바로 어른들의 요구라고 여긴다. 도덕적 복종과 의무는 성인의 명령을 지지하는 것에 의해 판단된다. 유아는 도덕성에 관한 절대적 개념을 가지고 있다. 즉, 옳고 그름이란 절대적인 것이며 부모가 그것을 알려 줄 것이라고 생각한다. 유아는 도덕성에 절대적인 근원이 있다고 생각하며, 그것을 어른들에게서 발견한다. 절대적인 도덕 관점, 그것은 힘과 권위를 가진 사람들의 관점이며, 절대적인 도덕 의무감은 바로 복종하는 것이다. 절대적 정의는 부모의 벌이나 칭찬을 통해 드러난다. 즉, 벌을 받는 것은 도덕적으로 나쁜 것이며, 칭찬을 받는 것은 도덕적으로 좋은 것이다.

두 번째 국면의 도덕성은 협동의 도덕성(morality of cooperation)이다. 두 번째 도덕 지향은 일방적인 존경에 의해서가 아니라 가역적인 사회적 관계, 즉 상호 존경, 상호성, 평등, 협동 등과 같은 것들에 의해 특징지어진다. 부모-자식의 관계가 본질적으로 불평등하다는 사실에 비추어 보면, 보다 평형화된 도덕

지향은 본질적으로 평등한 관계의 맥락에서 발달된다. 이런 관계들은 또래집단 내에서 드러난다.

피아제의 관점에서 보면, 유아가 또래들과 보다 많은 경험을 함으로써 도덕성에 대한 이해가 발달해 간다. 유아들은 친구들과 협동적인 상호작용을 통하여 점차로 발달해 간다. 규칙이란 맹목적으로 복종해야 하는 대상이 아니라 사회적으로 구성되는 융통성 있는 장치, 즉 실제적인 목적을 이루는 데 도움을 주고 합의가 지속되는 한 유효하고, 상호 이익에 봉사하며 결속을 보고하는 것이라는 사실을 학습하게 된다.

또래집단에서는 사회적 힘이 보다 공평하게 분배되기 때문에 여러 가지 합리적인 이유를 가지고 다른 사람들을 설득해야 한다. 그리고 규칙은 폭넓은 지지를 이끌어 내면서 확립되어야 한다. 합의가 이루어지지 못할 경우, 규칙은 단결과 결속을 유지하기 위해서 융통성 있게 재협상될 수 있다. 강제의 도덕성이 어른의 권위에 대한 아동의 일방적인 존중에 기반하는 것이라면, 협동의 도덕성은 평등사회를 특징짓는 '상호 존중'에 기반한다(Lapsley, 문용린 역, 2000).

2) 콜버그의 도덕성 발달 이론

콜버그

콜버그(Kohlberg)는 피아제(Piaget)의 이론을 보다 확장하여 도덕발달단계와 도덕교육의 실제를 전개하였다. 콜버그는 피아제와 마찬가지로 도덕발달은 아동의 인지가 발달함에 따라 점진적으로 이루어지는 것으로 보았다. 그러나 콜버그는 도덕발달이 인지발달뿐 아니라 사회적 조건에 의한다는 것을 강조하였다. 그는 사회적 조건, 즉 외적인 요인이 아동의 도덕적 사고를 조장하고 보다 높은 단계로의 발달을 도울 수 있다는 확신을 가지고 도덕교육의 실제를 위한 틀을 제공하였다(이경우 외, 1989).

콜버그는 도덕적 사고의 연속적인 발달 양상에 따라 아동기에서부터 성인기까지 6단계로 구분하였으며, 20년간 50여 명의 소년을 추적, 연구하여 도덕발달의 6단계설을 입증하였다(Blatt & Kohlberg, 1975; Brody, 1977).

(1) 콜버그의 도덕성 발달 단계

① 인습 이전 수준(preconventional level)

도덕적 규칙 내지 선·악의 개념을 알고 있으나 이 개념을 행위의 쾌락적 결과 또는 도덕적 규칙을 강요하는 사람의 힘과 권력에 관련해서 해석한다.

• 1단계 : 벌 회피와 복종의 도덕성

도덕적 요구를 의미에 따라서가 아니라 주체에 직접적으로 영향을 미치는 벌과 복종에 초점을 둔다. 따라서 다른 사람의 의도는 알아차리지 못한다. 도덕적으로 옳다는 것은 잘 복종한다는 뜻이고, 다른 경우 벌을 비행의 직접적인 결과로서 받아들이고 올바른 행위의 경우에는 자동적인 칭찬을 기대한다. 다시 말하면, 힘은 올바른 것을 규정하거나 혹은 나에게 이로운 것이라고 할 수 있다. 이 단계의 대답을 살펴보면 다음과 같다(Garz, 이효선 역, 1999).

• 글라우디아(Claudia, 8세 9개월)

너 훔친 거니? - 훔쳐서는 안 돼요.

왜 그런지 너 아니? - 그렇지 않으면 감옥에 가요.

사람이 어떤 것을 훔치면 그것은 나쁜 것이니? - 예.

왜 그런지 아니? - 아니오.

• 2단계 : 도덕적 이기주의의 도덕성

도덕적 목적에 초점을 맞추고 구체적인 교환에 흥미가 있는 것으로 서술할 수 있다. 자신의 이기적인 관점은 부분적으로 상호 나눔의 시작과 실행으로 인해 유리하게 돌려받을 수 있다. 자신의 욕구가 만족된다고 할지라도 동시에 흥미를 알리고 필요를 요구하는 권리가 다른 사람에게 속해 있다. 다시 말하면 네가 나인 것처럼 나도 너이다. 이 단계의 비도덕적인 행위는 나의 욕구와 이득을 위해서 저지르는 모든 행동이 된다. 피서 비용이나 유흥비의 마련을 위해서 수행되는 행동들, 학생들이 용돈을 얻기 위해서 동료 학생들을 괴롭히는 행위 등 자신의 쾌락과 욕구충족을 위한 목적에서 발생되는 비도덕적 행동들이 이에 속한다(안영진, 1998). 이 단계에서 가능한 대답을 콜버그의 인터뷰에서 인용하면 다음과 같다(Garz, 이효선 역, 1999).

남편이 거의 죽어가는 부인을 위해 약을 훔쳐야 할까, 아니면 그것이 금지되었기 때문에 훔치지 말아야 할까? - 훔쳐요. 왜냐하면 그가 그것을 하지 않으면 부인에게 약을 줄 수 있는 사람이 아무도 없어서 죽어가기 때문입니다.

② 인습 수준(conventional level)

개인이 속한 가정, 집단, 국가 등의 기대를 따르는 것으로, 그 즉각적인 결과와는 상관없이 그 자체로서 가치를 가진다. 아동은 자기 자신에 대한 기대나 사회의 질서에 단순하게 동화되는 것이 아니라 충실히 따르고자 하며 옳은 역할을 수행하고 인습적 질서를 유지하는 것을 가치 있게 여긴다.

• 3단계 : 친애주의적 도덕성(착한 소년-소녀 지향단계)

이 단계는 인식된 사람과의 관계를 통하여 특징지어진다. 타인의 승인을 얻고 타인을 기쁘게 하고 도움을 주고 좋은 대인관계를 유지하는 것이 올바른 행위이다. 도덕적 관계는 사람들 간의 신뢰, 존경, 그리고 감사를 통해 확실해진다. 이 시기의 비도덕적 행위의 예로는 가족, 친척, 친지, 동료, 상사 등에게 잘해 주려고 하다가 비도덕적인 행동을 하게 되는 경우가 이에 속한다. 예를 들어 돈이 불편한 부모님이 계시지만 치료비를 마련하지 못할 경우, 도둑질을 해서 돈을 마련하고자 하는 경우가 그것이다. 이 단계의 비도덕성은 덕목과 덕목 간의 비교, 분석, 판단능력을 연습시킴으로 가능할 수 있다. 흔히 착한 소년 및 착한 소녀의 지향으로 비유되는 예는 다음에서 찾아볼 수 있다.

• 유타(Uta, 17세)

생명을 구한다는 것이 왜 중요할까? - 만약 사람이 서로 도우면 어떻게 해서든 서상이 더 좋아져요. 그러니깐 '너는 네 이웃을 사랑하라' 그런 것이지요. 좋아하는 사람은 자기 자신에게 특별한 의미의 사람이 되지요. 다른 사람과는 다르게 되는 것이지요. 만약 사람을 좋아하면 조금이라도 어떻게 해서든지 보여주어야 합니다.

• 4단계 : 사회질서 유지의 도덕성(법-질서 지향 단계)

권위나 고정된 규칙 또는 사회질서 유지의 중요성을 강조하고 포괄적인 사회구조를 위한 도덕적 관계에 집중한다. 따라서 '의무 이행'과 '권위에 대한 존경'을 보이고 사회질서 그 자체를 유지하려고 한다. 국가 제도는 물론 예를 들어 종교의 조직들은 도덕적 사고의 표준이 된다. 주체와 체계의 관계는 주체-주체에 관계한 3단계의 생각을 분리한다. 제도의 우위와 기능을 버팀목으로서 강조하는 인류학적 이론들은 이 단계에 속한다. 다시 말하면 법이냐, 질서냐의 방향 설정이라고 할 수 있다. 이 단계의 비도덕적 행위는 법 질서나 사회 전체 또는 국민을 위한다는 명분 아래 발생하는 행동들을 포함한다. 다음의 예에서 4단계의 행동특성을 살펴볼 수 있다(Garz, 이효선 역, 1999).

• 데니스(Dennis, 18세)

다시 묻겠는데, 규칙을 따르기 위해, 법을 따르기 위해 사람은 모든 것을 해야 하니?

– 예.

그것이 왜 그렇게 중요하니?

– 법을 따르기 위해 모든 것을 행해야 해요. 법은 질서 안에서 지켜지지요. 법이 없이는 사람들은 거리를 빨리 달리고, 사람들을 죽이고, 상점에 침입하고, 은행에 침입할 거예요. 그것은 혼란이에요. 정당성이 존재하지 않아요. 사람들을 돕고, 사람에게 봉사하기 위해 법이 있어요. 법을 어기는 자들은 감옥에 가거나 혹은 벌에 해당하는 결과를 감수해야 해요. 그러나 법은 인간을 위해 존재해요.

돕기 위해 사람이 모든 것을 해야 한다고 말했니? 네 생각에 의하면 도둑질도 포함되니?

– 아니요. 나는 그것을 하지 않을 거예요. 그의 위치에서 그 역시 그것을 하지 말아야 해요. 법을 특정한 개인을 위해 깨뜨릴 수 없어요 어떤 중요한 것이라도 마찬가지예요.

사람이 죽어간다 하더라도?

– 사람이 죽어간다 하더라도 그것이 법이잖아요. 이유 없는 것은 존재하지 않아요. 법은 인류 공영에 기여해요.

③ 인습 이후 수준(post-conventional level)

도덕적 가치는 합의된 혹은 합의 가능한 표준, 권리 또는 의무를 자신이 스스로 받아들이는 데 있다. 자신의 가치관, 도덕적 원리원칙이 자신이 속한 집단과 별개임을 깨닫고 개인의 양심에 근거하여 행동한다.

• 5단계 : 사회계약적 도덕성

사회 관점을 나타내거나 혹은 철학적으로 형성되어 있는 사회계약의 단계로서, 개인의 가치의 상대성을 인정하면서 동시에 합의에 도달하는 방법상의 원리도 강조한다. 법은 상호의 동의, 계약에 의거하는 자유로운 것이며, 대다수의 의지를 표시하고 대다수의 행복을 최대로 해야 한다는 공리주의적 기반을 가져야 한다고 생각한다. 내적 도덕집단 혹은 국가에 관계된 시점은 모든 인간의 자유와 권리에 대한 생각을 통해서 이루어진다. 이 단계의 비도덕적 행동은 기존의 관습이나 실정법 등의 고정관념에 위배되거나 배치되는 행위를 뜻한다. 예를 들어, 대다수의 양심법이 이 범주에 속한다. 그리고 기존의 고정관념에 대항하여 손가락질 받는 이단자적 존재 또는 기인들도 이에 속한다. 이 범주에 드는 도덕적 비행은 타인에게 신체적, 경제적 해를 주지 않는다. 이 단계의 대답을 살펴보면 다음과 같다(Garz, 이효선 역, 1999).

• 윌리(Willy, 36세)

당신은 금방 예외에 관해 이야기하였습니다. 예외적으로 도둑질을 해도 됩니까? 당신은 어떻게 생각합니까? – 존재적인 문제들, 즉 사람은 실제로 다른 사람과 역할을 스스로 그와 대등하게 취급할 수 있고, 동일시 할 수 있습니다. 그리고 어쩌면 단계를 넘어서 바로 문제를 갖고 있는 그 사람과 자신의 입장을 같게 하는 것을 꾀할 뿐 아니라 두 역할을 다시 관조하고 거기로부터 유효한 답을 얻기 위해 시도합니다.

• 6단계 : 보편적 윤리원칙의 도덕성

올바른 행위는 스스로 선택한 도덕원리에 따른 양심의 결단으로 정의되며, 이 도덕원리는 논리적, 구체적, 보편적이고 일관성 있는 것이라야 한다. 여기에는 공정성, 인간 권리의 상호성과 평등, 개인으로서의 인간의 존엄성에 대한 존중 등이 포함된다. 이 단계의 비도덕적 행위는 이미 비도덕적이라고 말하기 어렵다. 기존의 윤리와 형이상학을 완전히 뒤집는 전혀 새로운 행위규범의 제시가 동반되기 때문이다. 그러나 마틴 루터 킹, 간디 혹은 소크라테스 등의 기록에서나 6단계의 적절한 사례를 찾아볼 수 있을 뿐이다(안영진, 1998; 최혜순, 2004).

콜버그의 도덕성 발달 이론은 일부 경험적인 검증을 받기도 했지만, 인습 이후의 도덕성 발달에 관한 경험적 연구에 대한 지지가 미약하고, 도덕적 행동과 도덕적 판단의 일치성 문제, 여아와 남아의 도덕성 발달에 대한 차이, 도덕 판단과 도덕적 행동 간의 관계 등에 대한 명확한 설명이 없어서 비판을 받고 있다.

5단계 : 사회계약 단계	6단계 : 보편적 윤리지향 단계	-〈후 인습 수준〉
3단계 : 착한 소년-소녀 지향 단계	4단계 : 법-질서 지향 단계	-〈인습 수준〉
1단계 : 처벌과 복종 지향 단계	2단계 : 도구적 상대주의	-〈전 인습 수준〉

[그림 2-4] 콜버그의 도덕발달 3수준 6단계

(2) 콜버그 이론의 유치원 적용

콜버그 이론은 유아들의 실제 도덕적 행위가 아니라 주어진 상황에 대한 유아들의 인지적 반응, 즉 도덕적 추리능력을 통해서 발달단계를 구분하고 있다는 비판을 받고 있다. 그러나 콜버그의 연구는 유치원 상황에 특별히 중요한 시사점을 던져 주고 있다. 유아들에게 자기의 도덕적 사고를 시험해 보고 다른 친구들과 비교해 보는 토론 시간을 경험하게 함으로써 도덕성 발달이 향상될 수 있다는 것이다. 도덕적 판단에 대한 다양한 경험을 함으로써 유아들은 타인과의 관계 속에서 자기 자신의 도덕적 행동을 평가하게 될 것이다.

도덕적 딜레마에 대해 효과적으로 토론하기 위해서 교사들은 첫째, 유아들이 실제로 경험할 수 있는 도덕적 갈등 상황과 갈등 해결의 다양한 방식을 계획해야 하고, 둘째, 유아들이 타인의 역할과 관점을 생각하도록 고려하며, 셋째, 유아들이 자신들의 도덕적 행동에 대해서 나름대로의 논리를 전개할 수 있도록 하고, 넷째, 찬반토론을 통해 유아들 개인은 물론 다른 친구들의 도덕적 행동과정을 분석할 수 있도록 도와주어야 한다.

(3) 콜버그 이론의 비판점

콜버그는 도덕성 발달은 단계별 순서대로 일어나며 비약이 없다고 주장하였으나, 개인의 도덕적 판단에 따라 다른 단계를 반영할 수 있다.

그의 이론은 도덕적 사고에 관련된 연구이지 행동에 관한 것은 아니다. 따라서 도덕적 사고와 도덕적 행동이 반드시 일치한다고 할 수 없다. 예를 들어, 5단계에 있는 사람이 실제로 1단계에 있는 사람보다 도덕적으로 행동하지 않을 때도 있는 것이다.

문화적 보편성과 관련하여서 그의 이론은 남성 중심의 가치관을 반영하여 여성의 도덕적 추론과 도덕적 발달단계에 적용하기에는 부적절하다.

3) 데이먼(Damon)의 공정성 판단 이론

부와 자원의 공정한 분배는 한 사회의 도덕적 성숙도를 나타내는 척도가 될 수 있다. 사회 구성원들이 공정한 보수를 받지 못하고 있다고 생각하면 그 사회는 도덕적 갈등을 겪게 될 것이다. 유아들이 가정이나 유치원에서 부모와 교사가 장난감이나 사탕을 공정하게 분배해 주지 않는다고 인식하면 부모와 유아 간, 교사와 유아 간 또는 형제자매들 사이에 도덕적 갈등 상황이 일어나게 된다. 이와 같이 데이먼(Damon, 1980)은 공정성을 유아에게 있어서 사회적인 제약의 하나이며 자신의 욕구와 타인의 기대 사이에 일어난 갈등 상황을 해결해 주는 중요한 개념으로 인식했다. 데이먼은 공정성 연구를 위한 조사에서 다음과 같은 이야기를 제시했다.

이 공정성 연구에 대한 아동들의 반응을 분석한 결과는 〈표 2-1〉과 같다.

〈표 2-1〉 데이먼(Damon)의 공정성 판단 발달단계

수 준	내 용
0수준-A (4세 이하)	공정성에 대한 객관적 인식이나 이유의 설명 없이 자기 자신의 욕구에 따른 판단에 지배되는 단계 (예: 내가 원하니까 많이 가져야 돼).
0수준-B (4~5세)	욕구에 지배되지만 키나 성별 등과 같은 외적인 특성을 기준으로 제시함(예: 여자니까 제일 많이 가져야 돼. 키가 제일 크니까 제일 많이 가져야 돼). 그러나 이 기준은 욕구에 따라 변하기 쉽고 자신을 유리하게 생각하는 경향이 있음).
1수준-A (5~7세)	절대적인 공평성을 주장하는 단계(예: 모든 아이들이 똑같이 가져야 돼). 공평성만이 구성원들 간의 모든 갈등을 해소하는 유일한 방법으로 생각하나 융통성이 결여됨.
1수준-B (6~9세)	많이 기여한 사람이 많이 받아야 한다는 개념이 형성됨(예: 그림을 많이 그린 아이들이 많이 가져야 돼). 그러나 공정성과 관련되는 여러 변인들을 동시에 고려하는 능력은 아직 결여되어 있음.
2수준-A (8~10세)	사람들은 각자 자기 입장에서 서로 다른 공정성을 주장하며 각자 나름대로 타당하다고 생각하는 도덕적 상대성에 대한 이해가 시작됨. 특수한 상황에 있는 사람의 주장을 고려할 수 있음(예: 다른 아이들의 이야기를 들어 보아야 돼. 가난한 아이가 더 가져야 돼).
2수준-B (10세 이상)	여러 사람이 각자 처한 독특한 욕구와 특수상황을 전체적으로 고려할 수 있는 공평성과 상호보완적 통합능력이 발달함. 확고하고 명확한 공정성의 개념이 확립되고 모든 사람이 각자 적당한 보상을 받아야 한다는 인식이 강화됨.

4) 리코나(Lickona)의 도덕성 발달 이론

미국에서 도덕교육협회 회장을 역임한 바 있는 토머스 리코나는 현재 뉴욕 주립대학교 교육학과 교수로 있으며 도덕교육에 많은 관심을 가지고 있다. 특히 최근에는 인성교육의 핵심 요소인 존중심(respect)과 책임감(responsibility)에 대한 연구 활동을 하고 있다. 교육의 현장에서 실증주의, 과학주의, 개인주의와 함께 규범적 도덕교육보다는 오히려 분석적 가치명료화의 강조에 대한 경향으로 말미암아 온갖 도덕적 타락의 징후들이 미국 사회에 수십 년 동안 쌓여 왔으며, 1980년대에 들어와서 급격히 증가하고 있음을 보고한다.

그는 상대적으로 매우 젊고 높은 수준의 교육을 받은 사람들이 보고한 부도덕한 행태를 네 가지로 열거하고 있다(리코나, 1991).

첫째, 41%의 사람들이 술을 마시거나 마약을 복용한 상태에서 운전을 하였다.

둘째, 33%의 사람들이 과거에 어떤 중요한 것에 대하여 가장 친한 친구를 속인 바 있다.

셋째, 38%의 사람들이 허위로 작성한 세금보고서를 제출하였다.

넷째, 49%의 남성들과 44%의 여성들을 포함하여 전체 응답자의 45%가 그들의 결혼 상대자를 기만한 바 있다.

리코나는 참으로 걱정스러운 것은 젊은 세대들이 도덕에 무관심하다는 것이라고 하였다. 이것은 미국의 도덕교육에 있어서의 실패를 극명히 보여주는 것이라고 지적한다. 그가 지적하는 젊은 세대의 암울한 모습들은 다음과 같다(리코나, 1991).

(1) 폭력과 파괴이다

미국은 여러 선진국 가운데 15~24세 사이의 남자들의 경우 가장 높은 살인비율을 기록하고 있다. 그 비율은 캐나다의 7배, 일본의 40배에 이른다. 소년의 범죄율이 소녀에 비해 7배나 높게 나타났다. 그러나 소녀들 또한 안심할 바 못된다. 1965년부터 1988년 사이에 악질 폭행으로 체포된 18세 이하의 소녀들은 무려 3배나 증가하였다. 아동들에 의해 매년 자행되고 있는 폭력적인 범죄 행위의 통계 수치는 우리를 섬뜩하게 한다. 미국의 국립청소년법무센터에 따르면, 1985년에 11세의 아동 혹은 그 이상의 청소년들이 살인 21건, 폭행 3,434건, 절도 1,735건 그리고 강간 435건을 저질렀다. 최근 뉴욕 주 북부의 작은 마을에서 7, 8세인 두 소년과 5, 6, 7세인 소녀들이 그들의 학교에 무단 침입하여 책상과 캐비닛을 뒤집어 엎어 놓고 진열된 화분들을 부수며, 두 대의 컴퓨터와 영사기 한 대를 못쓰게 망가뜨렸다. 전국적으로 매년 학교 기물 파괴에 따른 비용 손실은 수억 달러에 이르고 있다.

(2) 도벽이다

가게 좀도둑을 예방하기 위한 전국 조직은, 1980년대 9세부터 21세 사이의 십만 명의 젊은이들을 대상으로 설문조사를 실시하였다. 그 가운데 절반 이상이 적어도 한 번은 가게에서 물건을 훔친 적이 있다고 응답하였다. 한 번이라도 훔친 적이 있는 젊은이들 가운데 상당수는 앞으로도 계속 그럴 것이라고 답했다. 전국의 대학들은 도서관 도둑들로 고생하고 있다. 학생들은 도서관 책을 칼로 교묘하게 오려낸 뒤 자신만 보려고 집으로 가져간다.

(3) 시험 부정행위이다

1990년 10월 조셉슨 윤리학연구소는 「미국 청소년의 윤리」라는 보고서에서 청소년들 사이에 가장 빈번한 것은 시험 부정행위라고 한다. 조지아 주 고등학교 학생들에게 시험 볼 때 부정행위를 하는 것이 필요한가를 물어보았을 때, 65%의 학생들이 필요하다는 것에 동의한다고 답했다. 초등학교 6학년 학생들에게 조사해 보니 48%의 아동들이 시험 부정행위를 한 적이 있다고 응답했다. 그리고 대부분의 아동들은 앞으로도 계속 시험 부정행위를 할 것이라고 답하였다.

(4) 권위에 대한 존중의 결여이다

많은 숫자의 아동들이 무례한 태도를 나타내고 있으며, 통제 및 기본적인 사회화에 저항하는 도전적인 태도를 보여주고 있다.

(5) 동료 학생들에 대한 가혹행위이다

널리 존경을 받고 있는 한 초등학교 교사는 다음과 같이 말하고 있다. “지난 10년 동안에 아동들에게 일어난 변화는 거의 믿어지지 않을 정도이다. 나에 대한 무례함만이 아니라 그 이상의 더 많은 것들을 보았다. 학생들은 또한 서로 간에 매우 잔혹한 행위들을 서슴지 않고 있다. 그들은 모욕적인 언사를 하고, 해를 입히며, 집단 가운데 가장 약한 자를 골라 괴롭히고, 협박하며, 떠밀고, 신체적인 폭력을 통하여 그들의 문제를 해결한다.

(6) 인종차별 및 편견이다

1960년대의 시민권리운동 이후로 사회적으로 확산되어 있는 행동인 인종적 편견과의 싸움은 어느 정도 성공을 거둔 채 일단락되었다고 가정하여 왔다. 그러한 도덕적 승리가 신세대에서 다시금 성공적으로 이루어져야만 한다는 것은 가슴 아프지만 이제 분명해진 것 같다. "상아탑에서의 인종차별과 편견"이라는 제목의 기사를 통하여 전국의 대학 캠퍼스에서 "인종차별과 편견이 다시 만연하고 있다."고 타임지는 보도한 바 있다.

1990년에 지금까지 중 가장 높은 수치인 38%의 미국 대학교 신입생들이 인종 간의 이해를 증진하도록 돕는 것은 그들에게 본질적이고 아주 중요한 것이라고 응답하였다. 오늘날 성장하고 있는 젊은 세대는 점점 다문화적인 사회 속에서 잘 기능할 수 있어야만 한다. 적어도 2천 년까지 미국 사회는 모든 미국인들의 3분의 1이 순수 백인이 아닌 인종이나 민족들로 이루어진 다문화 사회가 될 것이다.

(7) 저속한 언어이다

뉴욕 주 교외의 웨스트체스터 교육청 관할 구역에서 5학년을 맡고 있는 한 교사는 다음과 같이 말하고 있다. "오늘날 아이들의 언어는 섬뜩하기만 하다. 만약 게임을 하다가 한 아이가 실수라도 하면, 금방 저속한 말이 여기저기서 튀어나온다. 아이들은 너무나 일상적으로 그런 말을 사용하고 있으며, 그것은 나를 가장 괴롭히는 것이다." 더구나 학생들은 아주 적대감을 지닐 때만 사용하게 되는 저속한 언어들을 사소한 갈등 상황이나 일상생활 속에서 거침없는 사용하는 데 너무나도 익숙해져 있다. 대부분의 물리적인 폭력은 저속한 언어에 기인한다.

(8) 성적 조숙과 학대이다

뉴욕 시 중심부에서 6학년을 맡고 있는 한 교사는 다음과 같이 말한다. "이 아이들은 끊임없이 성에 관한 것을 보여주고 있는 R등급의 영화, 텔레비전 쇼, 광고들을 보고 자란다. 나는 이러한 대중매체들이 우리 반 교실에 어떤 영향을 미치고 있는지를 많이 보아 왔다. 남자 아이들은 플레이보이 잡지를 학교에 가져오고, 여자 아이들은 하이힐을 신고 화장을 하며, 보석 장신구까지 하고 다닌다. 심지어 아이들은 서로에게 성적인 내용을 담은 글을 써서 보이기도 한다."

(9) 늘어나고 있는 자기 중심성과 줄어들고 있는 시민적 책임감이다

물질주의적 사고와 행동은 초등학교 저학년에서부터 나타난다. 삶의 목표를 '물질적으로 풍족하게 사는 것' 이라고 대답하는 대학생들이 점점 증가한다. 시민적 책임감이나 공공의 정치에 대해서 점차 무관심한 젊은이들이 미국 사회에서 지난 50년 간 꾸준히 증가했다.

(10) 자기 파괴적인 행동이다

1988년 UN 보고서에 따르면 현재 미국이 선진국들 가운데 가장 높은 십대 임신율 및 낙태율을 보이고 있다. 7명 가운데 1명이 성병을 앓고 있다. 마약은 전국적인 괴로움의 씨앗이다. 젊은 세대들에게 알코올 남용이 전염병처럼 번지고 있다. 십대 3명 가운데 1명의 비율로 심각한 음주문제가 나타나고 이다. 음주운전으로 인한 사망자의 10명 가운데 4명이 바로 십대들이다. 지난 30년 동안 미국 아동들의 자살률은 무려 300%나 증가하였다. 매년 50만 명에 달하는 십대들이 자살을 시도하고 있는 실정이다. 그 가운데 약 6천 명이 스스로 목숨을 끊었다.

◆ 인성 구성 요소

리코나는 실제로 우리의 도덕 생활에서는 다양한 인성의 구성 요소들이 복잡하게 작용하고 있다고 주장하였다. 그는 [그림 2-5]와 같이 인성의 구성 요소를 제시하였다.

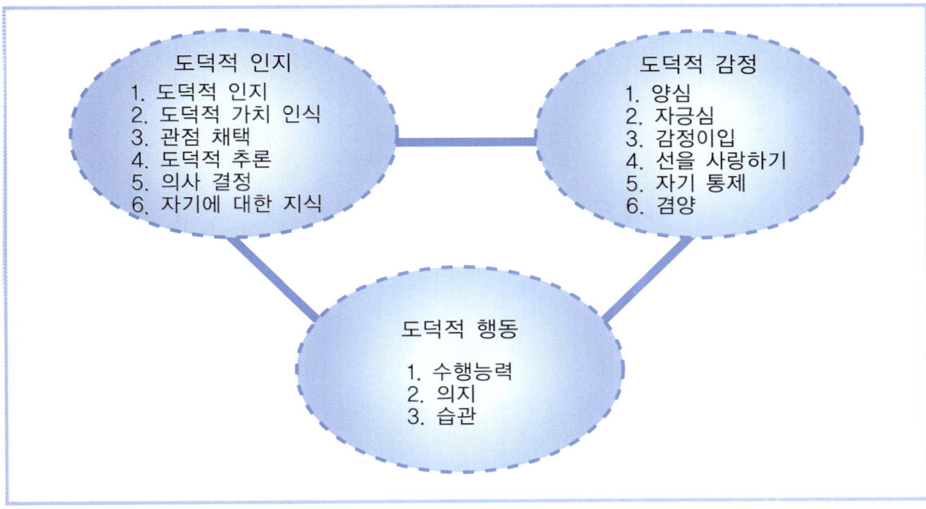

[그림 2-5] **인성의 구성 요소**

앞의 그림은 도덕적 인지, 도덕적 감정, 도덕적 행동은 개별적으로 기능하는 것이 아니라 각기 다양한 방식으로 상호작용한다는 것을 말해 준다. 도덕적 판단과 도덕적 감정이 도덕적 행위에 영향을 끼치는 것은 분명하다. 특히 도덕적 판단과 도덕적 가정이 동시에 작용하는 경우는 더욱 그렇다고 할 수 있다. 즉, 우리가 어떻게 행동하는가는 우리가 어떻게 생각하는가와 어떻게 느끼는가에 영향을 주기 때문에 그 작용은 양방향적인 것이다.

리코나는 올바른 인성을 발달시키기 위해서 ①도덕적으로 아는 것, ②도덕적으로 느끼는 것, ③도덕적 행위를 하는 것 등을 교육해야 한다고 주장하였다. 그는 훌륭한 인격은 선을 추구하며 선을 행하는 것이라고 하며, 이들은 각각 다음과 같은 하위 요소들로 구성되어 있다고 말한다.

(1) 도덕적 인지

① 도덕적 인식

일반적으로 모든 연령층의 사람들이 공통적으로 갖는 도덕적 오류는 도덕적 무지이다. 우리는 문제의 상황이 도덕적 쟁점과 관련이 있고, 그래서 도덕적 판단을 요하는 상황인지를 잘 알지 못하므로 과오를 저지르기 쉽다. 우리는 '이것은 옳은 일인가?' 하고 생각해 보지도 않고 어떤 일을 처리하는 경향이 있다. 따라서 우리는 지성을 활용하여 도덕적 판단을 요구하는 상황이 언제인가를 알아야 하는 것이다.

- 도덕적 가치 인식

생명과 자유에 대한 존중, 타인에 대한 책임, 정직, 공정, 관용, 예의, 자기규율, 성실, 친절, 동정, 용기와 같은 도덕적 가치들은 좋은 사람이 되는 많은 방법을 말해 준다. 이것들은 한 세대가 다음 세대에게 넘겨 주어야 할 도덕적 유산들이다.

② 관점 채택

관점 채택은 다른 사람의 관점을 내가 취해 볼 수 있는 능력, 상황을 다른 사람이 보는 바와 같이 보는 능력, 그들은 어떻게 생각하고 반응하고 느낄 것인가를 상상할 수 있는 능력이다. 이것은 도덕적 판단의 전제 조건이다. 우리는 어떤 사람들을 이해하지 못하고는 그들을 잘 존중하고 그들이 필요로 하는 것에 맞게 행동하기가 어렵다. 도덕교육의 근본적인 목적의 하나는 자신과는 상이한 사람들의 관점에서 세상을 경험할 수 있게 돕는 것이다.

③ 도덕적 추론

도덕적 추론은 도덕적인 것이 무엇이며, '우리는 왜 도덕적이어야 하는가?'를 깨닫는 것을 포함한다. '약속을 지키는 것이 왜 중요한가?', '내가 가지고 있는 것을 어려움에 처해 있는 사람들과 왜 나누어야 하는가?' 와 같은 도덕적 추론은 피아제, 콜버그, 데이먼 등에 의해서 연구되었다.

④ 의사결정

의사결정은 도덕적 문제를 해결하는 방법을 생각해 볼 수 있는 능력이다. 도덕적 결정을 내리는 데 있어서 '내 방식은 무엇이다', '그 결과는 무엇이다'라는 식의 접근방법은 유아에게도 충분히 가르칠 수 있는 것이다.

⑤ 자신에 대한 지식

자신을 아는 것은 가장 얻기 힘든 도덕적 지식이지만, 인성의 발달을 위해서는 필수적이다. 도덕적인 사람이 되는 것은 우리 자신의 행동을 돌아보고 비판적으로 평가할 수 있는 능력을 요구한다. 도덕적 자기 지식을 개발하는 것은 개인들마다의 인격의 장·단점을 깨닫는 것이며, 우리의 약점들, 그 중에서도 항상 자기가 원하는 것을 하고자 하며 그것을 정당화하려는 경향을 어떻게 보완할 것인지를 아는 것을 포함한다.

(2) 도덕적 감정

① 양심

양심은 두 가지 측면이 있다. 무엇이 옳은지를 아는 것과 같은 인지적 측면과 옳은 것을 행해야 한다고 느끼는 정서적 측면이다. 많은 사람들이 옳은 것이 무엇인지를 알고는 있지만 그에 따라 행동할 당위성을 느끼지 못하고 있다.

② 자긍심

우리는 건강한 자긍심을 가지고 있을 때, 스스로가 자신을 가치롭게 여긴다. 또한 우리의 몸이나 마음을 함부로 하지 않을 것이며 타인들이 우리를 함부로 대하는 것을 허락하지 않을 것이다. 자긍심을 가지고 있을 때 우리는 타인들의 평가에 덜 매달릴 것이다. 자긍심이 높은 어린이들이 자긍심이 낮은 어린이들보다 동년배 압력에 더 저항적이며, 자신의 판단을 더 잘 따른다는 연구 결과가 있다(Coopersmith, 1977). 우리가 자신에게 긍정적인 관점을 가질 때 우리는 타인들을 더욱 긍정적으로 대우하려 한다. 만일 자신을 존중하는 마음이 없다면 다른 사람들을 존중하는 마음 또한 생기기 어렵다(Staub, 1979).

③ 감정이입

감정이입은 자신만의 감정을 뛰어넘어 다른 사람의 감정을 느낄 수 있게 되는 것을 말한다. 감정이입은 관점 채택의 정서적 측면으로, 다른 사람의 상태와 자신의 감정을 동일시 하거나 혹은 대리경험 하는 상태를 나타낸다.

④ 선을 사랑하기

선을 사랑하는 것은 최고의 인격의 형태로서 선에 대해 진정으로 애착을 느끼는 것을 말한다. 사람들이 선을 사랑할 때 그들은 선행에서 즐거움을 경험한다. 그들은 의무의 도덕성이 아니라 열망의 도덕성을 가지게 된다. 사회 봉사 속에서 자신의 충만을 찾는 이 능력은 성인에 국한된 것이 아니라 어린이들도 가지고 있는 도덕적 잠재력의 일부이다.

⑤ 자기통제

자기통제는 자기탐닉을 억제하는 데 필수적이다. 현대의 도덕적 타락의 근원은 사적 이익, 특히 수단과 방법을 가리지 않고 정신없이 돈을 쫓아가는 데 있다고 볼 수 있다. 이러한 정서 속에 자라나는 젊은 세대에게는 자기통제가 인성의 큰 부분으로 자리 매김을 해야 각종 청소년 범죄가 줄어들 것이다.

⑥ 겸양

겸양은 잘 다루어지지 않는 도덕적 미덕이지만 좋은 인격을 구성하는 데 필수적인 요소이다. 겸양은 진리에 대한 진정한 개방성이며 동시에 우리의 잘못을 고치고자 하는 자세이다. 또한 겸양은 우리의 오만을 극복하게 도와주며 악행을 막아 주는 가장 훌륭한 안전판이다. 철학자 파스칼은 “좋은 양심과 더불어 있을 때 사악은 제 힘을 발휘하지 못한다.”고 말했다.

(3) 도덕적 행동

① 수행능력

도덕적 수행능력은 도덕적 판단과 감정을 효과적인 도덕적 행동으로 전환시킬 수 있는 능력이다. 예를 들면, 갈등을 공정하게 해소시키기 위해서는 실제적인 기능들이 요구된다. 경청하기, 타인을 모욕하지 않으면서 서로의 관점을 주고받는 것, 서로가 받아들일 수 있는 해결책을 만들어 내는 것 등이다.

② 의지

도덕적 상황에서의 올바른 선택은 언제나 힘이 든다. 좋은 사람이 되는 일은 실제로 의지가 작용할 것을 요구하는 일이다. 감정을 이성의 통제 하에 놓는 일은 의지를 필요로 한다. 눈앞의 쾌락을 두고 의무를 이행하는 일도 의지를 요구한다. 각종 유혹을 견디며 또래집단의 압력에 버티며 흐름에 휩쓸리지 않는 일도 의지를 요구한다. 따라서 의지는 도덕적 용기의 중심에 자리하는 것이다.

③ 습관

많은 도덕적 행위는 습관의 덕을 입는다. 베넷(Bennett, 1980)은 훌륭한 인격의 소유자는 "그 반대의 경향에 크게 유혹되지 않고서 진실되고, 전심으로, 대담하게, 친절하게 그리고 공정하게 행동한다."고 했다. 그들이 이렇게 행동할 수 있는 것은 바로 습관의 힘 때문인 것이다. 따라서 아동에게 좋은 습관을 형성할 수 있는 다양한 기회와 연습과 실천상황이 주어져야 한다. 친구를 돕는 일, 정직하고 예절 바르고 공정한 태도를 취하는 경험을 가져야 한다. 이렇게 형성된 습관이 바로 올바른 도덕적 행동으로 연결되는 것이다.

(4) 도덕적 추론의 발달단계

리코나(Lickona)는 콜버그(Kohlberg)의 도덕성 발달 이론과 데이먼(W. Damon) 그리고 셀먼(R. Selman)의 발달 이론을 결합하여 0단계에서부터 5단계까지 모두 여섯 단계로 이루어진 도덕적 추론의 발달단계를 제시하였다. 0단계는 데이먼과 셀먼의 이론에 바탕을 둔 것이며, 1단계부터 5단계는 콜버그의 이론에 근거한 것이라고 할 수 있다.

리코나에 따르면, 도덕적 추론의 단계들은 유아기부터 시작하여 성인기를 통하여 계속 발달한다고 한다. 그가 제시하고 있는 도덕적 추론의 단계들은 다음과 같다.

① 0단계(자기중심적 추론)

대체로 4세 정도의 아동들이 이 단계에 속하는데, 두드러지는 특징은 본성에 가까운 자기중심성이라고 할 수 있다. 이 시기의 아동들에게 있어서 공정하다는 말은 곧 자기가 원하는 방식대로 하는 것을 의미한다. 소유물에 대한 관점도 '나는 그것을 원하고, 그것은 내 것이다' 라는 방식과 같은 철저한 자기중심성을 나타낸다. 따라서 이 단계에 속하는 아동들에게 있어서 옳고 그름의 판단 기준은 자기 생각대로 하는 것이며, 착한 일을 행하는 이유는 상을 받고 벌을 피하기 위해서라고 할 수 있다. 0단계의 특징을 요약하면 〈표 2-2〉와 같다.

〈표 2-2〉 0단계의 특징

단계	특 징	연령
0 단계	• 도덕적인 용어('그것은 공정하지 못하다')로 자신의 독립심을 표현하는 시기이지만 그들이 말하는 '공정하다' 는 의미는 그들이 원하는 방식대로 하는 것을 의미한다. • 도덕적 갈등 상황에서 특히 자기중심적이며, 자신의 관점으로만 사물을 바라본다. • 소유물에 대한 태도는 '내가 그것을 원하니깐', '그것은 내 것이야' 와 같은 방식을 취한다. • 자신들의 행동이 잘못되었다라는 인식 없이는 그들이 원하는 것과 세계를 일치시키기 위하여 할 수 있는 방법을 모두 사용하려고 한다. • 자기 의도를 관철시키기 위해서 가끔 규칙을 위반한다든지, 욕설을 한다든지, 정도를 벗어나는 행동을 한다. • 자신이 원하는 것과 다른 사람이 원하는 것이 갈등하지 않는 도덕적 상황 속에서 자발적인 협조와 동정심을 보여준다. • 도덕적 행동에 있어서 개인차가 나타난다.	4세 정도

② 1단계(무의식적 복종)

대체로 5세 아동들이 이 단계에 속하는데, 두드러지는 특징은 어른들의 명령에 아무런 의심 없이 복종하는 현상이다. 이 단계에서는 독립심보다는 적응과 조화에 관심을 가지게 되며, 어른들의 권위와 사회적 권위를 존중하고 따르고자 한다. 또한 아동들은 어른들을 도덕성의 근원으로 생각하여 오직 어른들의 관점만이 옳은 것이라고 생각하게 된다. 그러므로 이 단계에서의 옳고 그름의 판단 기준은 어른들이 시키는 대로 하는 것이라고 할 수 있으며, 착해야 하는 이유는 말썽을 일으켜 처벌받는 것을 피하기 위함이다. 1단계의 특징을 요약하면 〈표 2-3〉과 같다.

〈표 2-3〉 1단계의 특징

단계	특 징	연령
1단계	• 자기 주장의단계보다 순종적이고 협조적으로 변한다. • 다른 사람의 관점을 받아들일 수 있지만 하나의 관점, 즉 '어른들의 관점'만이 옳다고 생각한다. • 타인의 권위를 존중하고 따르고자 하는 경향이 강하다. • 어른들이 말하고 시키는 대로 하는 것이 옳은 것이다. • 순종을 해야 하는 이유는 처벌을 피하기 위해서이다. • 어른들은 전지 전능하고 아이들이 잘못한 것을 다 알아낸다고 생각한다. • 어른들을 도덕성의 근원으로 보기 때문에 자주 고자질한다. • 마음속에서 동시에 두 가지의 관점을 수용하기가 어렵다. • 규칙을 따라야 한다고 생각은 하지만 규칙이 필요한 이유를 잘 모르기 때문에 어른이나 체벌의 위험이 없으면 종종 규칙을 지키지 않는다.	5세 정도

③ 2단계(이기적 공정성)

대체로 5세부터 7세의 아동들이 이 단계에 속하는데, 두드러진 특징은 아동들도 부모나 어른들처럼 나름대로의 권리를 가질 수 있다고 생각하게 되는 것이다. 즉, 아동들은 어른들과 도덕적으로 평등하다고 생각하게 된다. 따라서 아동들은 더 이상 어른들의 명령에 무의식적으로 복종하지 않게 된다.

이 단계에서 나타나는 지배적인 현상 가운데 하나는 공정성을 일종의 맞받아치기로 생각한다는 점이다. 즉, 이 시기의 아동들에게는 '내가 너에게 이것을 해주었을 때 너는 나에게 무엇을 해줄 수 있는지'의 여부가 매우 중요한 관심사가 되는 것이다. 그러므로 이 단계의 옳고 그름의 판단 기준은 자신의 이익을 먼저 취하고 자신에게 공정하게 대하는 사람들에게는 똑같이 공정하게 대하는 것이다. 또한 착해야 하는 이유는 자신에게 이익이 되는 것이 무엇인가를 생각하는 이해관계에 달려 있는 것이다. 2단계의 특징을 요약하면 〈표 2-4〉와 같다.

〈표 2-4〉 2단계의 특징

단계	특 징	연령
2 단 계	• 공정성에 대한 두 가지 생각을 갖는다. 첫째는 공정성에 대한 교환의 생각이고, 둘째는 교만한 독립심이다. 즉, 어른들의 실수에 대하여 강하게 비난한다. • 어른이 일방적으로 명령해야 한다는 생각은 지나고 동등성에 대한 강한 신념을 갖는데, 이 신념은 아동 자신의 것을 포함한 다양한 관점에 대한 존중의 결과이다. • 모든 사람은 자기 자신의 입장이 있다는 것을 인식한다. • 자기 자신에게 공정하게 대한 사람에게는 똑같이 공정하게 대하는 것이 옳은 일이라고 생각한다. • 어른들의 규칙을 따르는 것 이상으로 많은 공정성이 있다는 것을 인식한다. • 아동은 그들이 원하는 것을 얻기 위해 협상하는 과정으로 친구나 또래집단 그리고 부모와 함께 사회적 상호작용을 하게 된다.	5~7세 정도

④ 3단계(인간관계적 동조)

대체로 초등학교 중반부터 10대의 초기와 중기에 있는 아동들이 이 단계에 속하는데, 두드러지는 특징은 타인과의 일치라고 할 수 있다. 즉, 훌륭하고 착한 사람이 됨으로써 다른 사람들을 기쁘게 해줌과 동시에 다른 사람들의 기대에 보답하며 살아가는 것이 중요한 관심거리이다. 따라서 이 시기는 인습적 도덕성의 초기단계라고 할 수 있다. 2단계의 도덕성이 단지 자기 자신의 이익만을 고려하는 것인 반면에, 3단계의 도덕성은 다른 사람의 복지에도 관심을 기울인다는 점에서 큰 차이가 있다. 이 단계에서 옳고 그름의 판단 기준은 착한 사람이 되어 나를 알고 나에게 관심을 갖고 있는 다른 사람들의 기대에 부응해야 한다는 것이다. 착해야 하는 이유는 사회적 인정은 물론 자기존중감을 동시에 얻기 위해서이다. 3단계의 특징을 요약하면 〈표 2-5〉와 같다.

〈표 2-5〉 3단계의 특징

단계	특 징	연령
3 단 계	• 타인이 너를 대해 주기를 원하는 방식으로 너도 남들을 대우해야 한다는 황금률을 안다. • 자기 자신의 이익뿐 아니라 타인이 필요로 하는 것에 대해서도 생각할 수 있다. • 도덕적 판단에 있어서 유연하고 관대하다. 즉, 도덕적 갈등 상황을 고려하여 생각한다. • 대체로 성인은 자기들보다 현명하고 선하며, 그들의 충고를 따르면 착한 사람으로 성장하는 데 도움이 될 것이라고 생각한다. • 좋은 인간관계란 사람들이 서로 돕고 신뢰하는 것으로 생각한다	초등 학교 ~ 10대 중기

⑤ 4단계(체제에 대한 책임감)

대체로 고등학교 시기와 10대 후반에 있는 아이들이 이 단계에 속하는데, 두드러지는 특징은 자신이 속해 있는 사회체계 속에서의 책임을 이행하려는 경향이라고 할 수 있다. 이 단계에 속하는 사람들은 진정으로 좋은 시민이 어떤 것인가를 이해하기 때문에, 이 시기의 도덕성은 민주사회의 필수적인 기초가 되는 것이라 할 수 있다. 그러므로 이 단계의 사람들은 도덕적 문제들을 고려함에 있어서 '모든 사람들이 그렇게 행동했을 경우 우리 사회는 과연 어떻게 되겠는가?' 라는 문제를 심각하게 생각하게 된다. 이 단계에서의 옳고 그름의 판단 기준은 사회체제에 대한 책임감이며, 우리가 착해야 하는 이유는 사회체제의 존속과 자기존중감을 유지하기 위해서이다. 4단계의 특징을 요약하면 〈표 2-6〉과 같다.

〈표 2-6〉 4단계의 특징

단계	특 징	연령
4 단 계	• 사회체제 내에서 자신의 책임을 제대로 수행해야만 좋은 사람이 될 수 있다고 믿는다. • 사회적 의무를 성실히 수행하는 이유는 사회체제의 존속을 돕고 '자신의 의무를 수행하는 존재' 로서 자기존중감을 유지하도록 하는 것이다. • 책임 있는 사람이 되는 것이 주위 사람들을 기쁘게 하는 것보다 더 우선순위에 있기 때문에 그들은 3단계보다 또래집단의 압력으로부터 더욱 독립적이 된다. • 도둑질이나 사기, 거짓말을 할 때 '모든 사람들이 그렇게 한다면 과연 우리 사회는 어떻게 되겠는가?' 라고 그것들의 파급효과를 생각할 수 있다. • 사회체제 속에서 자신을 아는 사람뿐만 아니라 알지 못하는 사람들에 대해서도 관심을 갖는다. • 서로 돕는 협력적 관계가 사회 존속에 필수적이라는 것을 믿는다. • 사회체제 속에서 사람들의 역할에 관한 질문에 대답할 수 있는 신념을 갖는다. • 좋은 시민이 되는 것이 무엇을 의미하는지 이해할 수 있다.	고등 학교 ~ 10대 후반

⑥ 5단계(양심의 원리)

대체로 성인 초기에 있는 사람들이 이 단계에 속하는데, 두드러지는 특징 중 하나는 모든 사람의 권리를 함께 존중하는 것이라고 할 수 있다. 4단계의 도덕성은 자기가 속해 있는 사회체제 또는 그 속에서 함께 살고 있는 다른 구성원들에 대한 의무감과 책임감을 소중히 여기는 반면, 5단계의 도덕성은 자기가 속해 있는 사회체제뿐만 아니라 모든 인간들에 대한 의무감과 책임감을 중요하게 생각한다. 따라서 도덕적으로 옳은 것은 각 개인의 인권에 대해 가능한 최대한의 존중을 표현하며 그러한 개인들의 권리들을 보호하는 사회체제를 지지하는 것이 된다. 또한 우리가 착해야 하는 이유는 모든 인간을 존중하려는 양심에서 우러나오는 의무감에 충실하기 위해서이다. 그러므로 5단계에 속한 사람들은 실정법보다도 양심이 부여하는 명령을 더 중요하게 생각한다. 5단계의 특징을 요약하면 〈표 2-7〉과 같다.

〈표 2-7〉 5단계의 특징

단계	특 징	연령
5단계	• 사회체제는 개인의 인권을 최대한 존중해 주고 보호해 주어야 한다. • 착하게 되는 이유는 모든 인간에 대한 존중의 원리를 충실히 수행하는 것, 즉 양심의 의무라고 믿는다. • 사회체제의 행동에 도덕성을 평가하기 위해 인간존중의 원리를 적용한다. • 모든 사람을 위한 자유와 정의 그리고 평화를 추구하는 체제로서 민주주의를 평가한다. • 개인적 가치를 타인에게 강요하지 않고, 모든 개인이 타인의 권리 존중에 책임이 있다고 생각한다. • 모든 인류의 복지에 관해 걱정하는 선한 사마리아인의 의무를 느낀다. • 목적이 수단을 정당화하지 못한다는 것을 믿는다. • 인간 존중의 서약 준수를 이해한다. • 모든 사람은 그들의 사회적 지위와 관계없이 도덕적으로 동등한 인간으로 대우받을 가치가 있음을 믿는다.	성인 초기

이상과 같이 리코나는 기존의 도덕성 발달에 관한 이론들을 토대로 하여 자기 나름대로의 독특한 발달단계 이론을 전개하였다. 특히 그는 도덕적 추론 단계 발달을 촉진할 수 있는 자녀 교육의 10가지 원리를 다음과 같이 제시했다.

1. 도덕성의 핵심은 타인과 자기 자신을 존중하는 것이다.
2. 아이들의 도덕성은 점진적으로 각 단계를 통해서 발달한다.
3. 어른들은 아이들을 존중해야 한다. 마찬가지로 아이들에게도 어른들을 존중하도록 요구할 수 있어야 한다.
4. 아이들을 양육함에 있어서 훌륭한 도덕적 모범 사례를 통해 가르쳐야 한다.
5. 말이나 교훈적 이야기를 통해 도덕성을 가르쳐야 한다.
6. 아이들이 도덕적으로 생각하는 방법을 가르쳐야 한다.
7. 아이들이 진정한 책임의식을 가질 수 있도록 가르쳐야 한다.

8. 아이들의 독립심과 어른들의 통제가 서로 균형과 조화를 이룰 수 있도록 노력해야 한다.
9. 아이들을 진심으로 사랑하고, 그들이 긍정적인 자아개념을 형성하고 발달시킬 수 있도록 도와주어야 한다.
10. 아이들의 도덕성 발달을 촉진함과 동시에 행복한 가정생활을 영위할 수 있도록 노력해야 한다.

4. 사회학습 이론

유아들이 도덕적 갈등 상황에서 어떻게 사고하는가를 아는 것도 중요하지만, 유아들이 어떻게 행동하느냐가 더 중요한 것이다. 예를 들어, 반두라(Bandura, 1977)와 같은 사회학습 이론가들은, 나누기, 돕기, 불행한 친구 위로하기와 같은 여러 도덕적 행동들이 유아기 초기에는 강화에 의해서만 획득되는 것을 설명하기에는 충분하지 못하다고 본다. 그보다는 유아의 도덕적 행동을 촉진시키는 모델의 특성으로 따뜻함과 애정을 들 수 있다.

한 실험 연구에서 양육자가 한 집단에서는 유아들과 따뜻하고 자연스럽게 여러 형태의 이타적 행동을 보이면서 행동하였고, 다른 한 집단에서는 똑같은 이타적 행동을 하였으나 차갑고 애정 없이 하였다. 그 결과 첫 번째 집단의 유아들이 모델의 행동을 더욱 많이 모방하였다(Yarrow et al., 1973).

유아의 모방의지에 영향을 미치는 모델의 또 다른 특성은 힘과 능력이다. 물론 어머니가 주된 양육자이기 때문에 아버지의 양육은 유아의 도덕적 행동에 영향을 덜 미친다(Brody & Schaffer, 1982). 그러나 힘을 가진 인물로 유아가 알고 있는 아버지도 유아들의 도덕성 발달에 영향을 미치게 된다(Bandura, 1977).

이상에서 알 수 있듯이 사회학습 이론의 핵심은, 유아들의 도덕적 행동발달을 촉진시키는 데 있어서는 유아들의 주변에 있는 모델이 중요한 역할을 한다는 것이다. 즉, 부모나 교사들은 유아들의 도덕적 행동발달의 모델로서 언행에 일관성을 보여주고 유아가 비도덕적 행동을 하지 않도록 여러 가지 유혹에 저항하는 능력을 길러 줄 필요가 있는 것이다.

1) 반두라(Bandura)의 관찰학습 이론

반두라

반두라는 사회적 상황에서 타인들의 행동을 단순히 관찰(observation)만 하여도 그들의 행동을 학습할 수 있다고 보았다. 이런 종류의 학습을 관찰학습(observation learning) 혹은 대리학습(vicarious learning)이라고 부른다.

관찰학습은 '주의집중-파지-운동재생-동기화단계'를 거쳐 이루어진다.

주의단계는 모델의 행동이나 특성에 주의를 기울이는 단계이며, 파지단계는 모델의 행동을 머릿속에 기억하는 단계이다. 재생단계는 모델에 대한 상징적 상을 행동으로 전환함으로써 능숙하게 수행할 수 있도록 연습하는 단계이며, 동기화단계는 연습한 행동을 표출하도록 동기를 형성하는 단계, 즉 동기나 유인이 주어지는 모델행동을 수행하는 단계를 지칭한다.

(1) 주의단계(attention phase)

주의는 어떤 대상에게 집중하기 위한 선택적 지각으로, 관찰자의 욕구와 흥미 같은 심리적 특성들에 의해 좌우된다.

(2) 파지단계(retention phase)

흔히 모델을 관찰한 후 어느 정도의 시간이 지난 다음에 그 모델을 모방하기 때문에 모델의 행동을 상징적인 형태로 기억하는 어떤 방식을 가져야 한다.

(3) 재생단계(reproduction phase)

관찰을 통해서는 단지 새로운 반응패턴은 알 수 있을 뿐이며, 정확한 행동재생을 위해서는 필요한 운동기술을 갖추어야만 한다.

(4) 동기화단계(motivation phase)

실제 행동이 수행된다. 수행은 강화와 동기적 변인들에 의해 좌우된다.

반두라(Bandura)의 연구는 아동의 사회적 발달에 관한 많은 연구에 영향을 미치고 있다. 그러나 아동발달 분야의 변화에 발맞추어 그의 이론도 인지적인 측면, 듣고 기억하는 아동의 능력, 모방과 학습에 영향을 미치는 추상적인 일반 법칙을 받아들이게 되었다. 사실 반두라(1989)는 최근에 와서는 전통적인 사회학습 이론보다는 사회 인지 발달을 밝혀내는 것, 즉 아동이 자신과 타인에 대해서 어떻게 사고하는가를 밝히는 데 관심이 있다. 그러나 그는 사회발달의 모든 측면의 토대로 모델링을 강조한다.

비록 행동주의의 기술이 가치 있는 응용도구로 증명되었지만 아동을 조건화시킴으로써 어떤 행동을 학습하는 것은 자연적 맥락에서 발달을 완벽하게 설명하는 것이 아니라는 것을 명심해야 한다(Horowitz, 1987). 많은 이론가들은 행동주의가 환경의 개념을 너무 편협하게 제시하고 있다고 비판한다. 또한 행동주의는 아동이 자신의 발달에 능동적으로 관여한다는 것을 과소평가했다는 비판을 받고 있다.

〈표 2-8〉 관찰 학습의 하위 과정

주의 과정	파지 과정	운동 재생 과정	동기화 과정
모방대상 자극 현저성 정의적 복합성 발생 빈도 기능적 가치 관찰자 특성 감각적 능력 민감성 동기 지각 구조 과거의 강화 경험	상징적 코딩 인지적 체계화 상징적 재생 운동 기능적 연습	신체적 능력 반응 능력 재생(행동)에 대한 자기 관찰 정확성 피드백	외적인 강화 대리 강화 자기 강화

출처 : 홍순정 외, 1989

5. 친사회적 행동

1) 친사회적 행동의 정의

친 사회적 행동은 공격적 행동과 대조가 되는 돕기, 나누기, 협력하기 등이다. 친사회적 행동에 대한 정의는 세 가지로 나눌 수 있다. 첫째는 자발성과 내적 동기의 측면을 강조하는 정의, 둘째는 공격적 행동과 대비하여 외적으로 나타난 행동 자체를 강조하는 정의, 셋째는 내적 동기와 외적 행동을 모두 포함시켜 정의하는 것이다.

친사회적 행동에서 자발성과 내적 동기를 중요시하는 학자들은 친사회적 행동이 사회적으로 긍정적인 결과를 가져오게 하는 행동이며 외적인 보상에 대한 기대 없이도 타인에게 도움을 주기 위해 자발적으로 하는 행동이라고 하였다(Macaulary & Berkowitz, 1970: Wispe, 1972: Bar-tal, 1976: Staub, 1978).

이와 같이 친사회적 행동은 타인에게 긍정적인 태도를 가지고 도움을 주며 타인을 이롭게 하는 행동을 뜻하며, 도와주기, 동정하기, 친절하기, 공유하기, 위로하기, 기부하기, 타인에게 관심 가지기, 협력하기 등의 행동이 포함된다. 이러한 친사회적 행동은 민주사회의 가치나 원리 그리고 규범에 적합한 행동들로서 우리 사회를 건전하게 만드는 데 기여한다고 할 수 있다.

아이젠버그(Eisenberg, 1983)는 사회인지적 발달 이론의 입장에서 친사회적 행동에 대한 사회화 경험의 중요성을 지적하면서 친사회적 도덕추론 수준을 〈표 2-9〉와 같이 제시하였다.

〈표 2-9〉 친사회적 도덕추론 단계

단계	특 징	연령범위
욕구 중심적 자기 중심적 추론	옳은 행동은 자신의 욕구를 만족시킨다. 타인을 돕는 것이 자신에게 이익이 될 때에만 이타적임.	유아기: 아동기 초기 일부
타인의 욕구지향적 추론	타인의 신체적, 물리적, 심리적 욕구에 대한 관심이 단순한 용어로 표현됨. 조망수용이나 감정이입이 없음.	유아기 일부: 아동기
승인 및 대인관계적 추론	타인으로부터 칭찬 받기 위한 이타성 : 승인에 대한 관심이 행동을 정당화함.	아동기: 청소년기
공감적 추론	공감적 반응에 기초한 이타성, 타인에 대한 조망수용과 감정이입 강조.	아동기 일부: 청년기
내면화 된 추론	인식, 의무의 가치관이 싹틈: 내재적 가치, 규준, 확신, 책임감에 근거한 이타성, 모든 개인의 존엄성, 권리, 평등에 대한 신념에 기초.	청년기 일부: 청년기

2) 친사회적 행동의 발달

바-탈과 라비브(Bar-Tal & Raviv, 1982)는 일련의 실험연구들을 통해 피아제(Piaget)의 인지발달단계, 셀먼(Selman)의 조망수용 발달단계, 그리고 콜버그(Kohlberg)의 도덕판단 발달단계를 분석하고 기타 추론에 대한 문헌들을 검토한 후 다음과 같이 친사회적 행동 발달 6단계를 제시하였다(이숙정, 2000).

(1) 1단계 : 순응-구체적으로 언급되는 강화 (compliance-concrete and defined reinforcement)

명령이나 위협을 받음으로써 다른 사람을 돕는다. 유아의 시각은 자기중심적이며, 유아의 행동은 잘 언급되고 구체적인 보상과 벌에 의해 가장 잘 이루어진다.

(2) 2단계 : 순응(compliance)

자신보다 힘이 센 권위자가 요구하면 다른 사람을 돕는다. 실제로 처벌하겠다는 위협은 더 이상 필요하지 않으며, 타인의 요청이나 명령을 수락할 준비가 되어 있다.

(3) 3단계 : 내적 주도성-구체적 보상(internal initiative-concrete reward)

자발적으로 행동할 준비가 되어 있지만 가능한 보상을 기대하고 있기 때문에 이기적이다.

(4) 4단계 : 규범적 행동(normative behavior)

도움행동에 관한 사회적 규범을 알고 있으며, 규범의 위반은 벌을 초래한다는 것을 알고 있기 때문에 사회적 승인을 받기 위해 다른 사람을 돕는다.

(5) 5단계 : 일반화된 상호성(generalized reciprocity)

도움행동은 보편적인 상호성의 영향을 받는다. 도움행동을 받은 사람이 언젠가는 보답할 것이라고 믿기 때문에 다른 사람을 도우며 상호 호혜적인 사회적 접촉이 돕기 행동을 강화한다.

(6) 6단계 : 이타적인 행동(altruistic behavior)

순수하게 다른 사람을 위해서 돕는다. 이때의 도움행동은 보상을 바라지 않으며 그 대신 자아존중감과 자기만족감을 향상시킨다. 오로지 다른 사람에게 이익이 되도록 하기 위한 동기로 자발적으로 행동한다.

친사회적 행동 발단단계에서 아동들은 단계가 높아지면서 특별한 상황에 대한 구체적인 보상과 벌로부터 벗어나 권위자와 사회체제가 어떤지, 그리고 그들이 우리에게 요구하는 것이 무엇인지를 고려하는 방향으로 나아가며 점진적으로 좀 더 일반적인 사회적 관점을 취하게 된다(Lapsely, 문용린 역, 2000).

3) 조망수용능력

상대방의 입장이 되어 생각하고 상대방의 기분이나 입장을 바르게 인식해 나가며 행동할 수 있는 것은 유아나 성인 모두에게 중요하다. 만화나 영화 그리고 소설이나 연극 속 주인공의 삶의 방식이나 심정을 공감하거나, 상대방에 대해 배려하는 것이 가능한 것은 타인의 마음 상태를 이해할 수 있기 때문이다.

상대방의 입장에 서서 그의 심정을 추측해 자신의 사고나 기분과 같이 타인을 받아들이고 조정해서 대인관계에 적용하는 능력을 조망수용능력(perspective-taking ability)이라 한다.

셀먼(Selman, 1976)은 조망수용능력의 발달을 자신의 조망과 타인의 조망이 분화되어 조정이 행해지는 구조적 변화의 과정으로 생각하고 이것을 사회적 조망수용능력의 발달이라고 했다. 조망수용능력은 도덕적 행동과 친사회적 행동의 어느 쪽에도 필요조건이다. 예를 들어, 도덕적 판단은 타인에 대한 공감에 근거하지 않으면 안 되며, 도덕적 판단을 하는 사람은 공평한 관찰자의 조망이나 아니면 일반적인 타인의 조망을 수용해야 한다(Kohlberg, 1971).

셀먼과 번(Selman & Byrne, 1974)은 유아기 동안에 네 가지 사회적 조망수용 단계가 있음을 밝힌 바 있다. 이들은 사회적 조망수용 단계를 ① 자아중심적(egocentric) 단계, ② 주관적(subjective)단계, ③ 자기 반영적(self reflective) 단계, ④ 상호적(mutual)단계로 나누었다. 셀먼과 번은 40명의 유아들(자기중심적 단계 유아 10명, 주관적 단계 유아 10명, 자기 반영적 단계 10명, 상호적 단계 10명)을 면담하여 유아들의 조망능력을 분석하여 조망수용 단계를 범주화하였다.

(1) 자아중심적(자기수용적) 조망수용: 자신만의 세계만 인식

이 수준에 있는 유아는 자신과 타인을 구별할 수 있으나 타인들이 자신과 다른 관점을 가지고 있다는 점을 이해하지 못한다. 이들은 '엄마가 집에 계신다'고 믿을 수 있지만, 다른 또래의 다른 상황(예 : 직장이 있는 어머니)을 인식하지 못한다. 이 단계의 유아는 자기 자신만의 현실을 근거로 다른 사람을 조망한다. 셀먼과 번(Selman & Byrne, 1974)의 연구에 의하면 네 살짜리 유아의 80%, 여섯 살짜리 유아의 10%가 이 수준에 속하는 것으로 나타났다.

피아제(Piaget, 1962)는 유아가 다른 사람의 관점을 수용할 수 있는 능력은 자기중심 상황에 의하여 제한된다는 것을 알았다. 자기중심적 유아는 다른 사람들도 자신과 동일한 방식으로 생각한다고 가정한다. 또한 이들은 자신의 생각이 항상 옳다고 확신한다. 이와 같은 자기중심적 상황 때문에 모든 것에 대해 그들 자신의 경험을 일반화시키고자 한다.

(2) 주관적 조망수용 : 다른 사람의 세계와 나의 세계의 차이 인식

자기중심적 성향은 출생 후 대개 네 살까지 많이 나타나고, 이후부터 점차 다른 사람의 견해를 인식하고 생각하기 시작한다. 이 단계의 유아는 다른 사람이 동일한 상황을 다르게 생각할 수 있다는 것을 이해하기 시작한다. 유아는 다른 경험 혹은 다른 목표를 가졌기 때문에 사람이 다르다고 느끼거나 혹은 다르게 생각한다는 것을 깨닫는다. 그러나 아직도 타인의 행동을 이해하려고 할 때 완벽하게 다른 사람의 입장에 서지 못한다.

이 단계 유아는 유쾌하거나 불쾌한 상황과 이에 상응하는 일반적인 정서를 확실하게 이해하지 못한다. 예를 들어, 의사가 유아 옆에 큰 주사기를 가지고 서

있는 상황에서 유아가 웃고 있는 그림을 보았을 때, 혹은 생일잔치에서 한 유아가 찡그리고 있는 상황의 그림에서 세 살 내지 다섯 살짜리 유아들은 정서적 불일치를 잘 인식하지 못하는 경향이 있으나, 여섯 살이 되어 가면서 상황에 상응하는 정서를 잘 이해하기 시작한다. 또한 이 시기의 유아는 동기와 행동 사이의 관계를 완전히 이해하지 못한다. 예를 들어, 누군가가 우연히 전등을 넘어뜨려 깨는 모습을 본다면, 네 살짜리 유아들은 그 사람이 그와 같은 행동을 하기를 희망하고 의도적으로 그 행동을 하였다고 생각한다.

(3) 자기 반영적인 조망수용 : 다른 사람이 생각하는 것에 대한 나의 관심

이 단계에서 유아들은 사람들이 그들 자신만의 독특한 가치 혹은 동기를 가지고 있기 때문에 유아 자신과는 다르게 생각하고 느낀다는 사실을 알고 있다. 이 단계의 유아들은 다른 사람의 관점을 수용하고 조망할 수 있다. 셀먼과 번의 연구에서 네 살 혹은 여섯 살 유아는 이 수준에 있지 않았지만, 여덟 살 아동의 50%와 열 살 아동의 60%가 이 단계에 있음을 보고하였다.

이 단계에 속하는 유아들은 의도된 행동과 그렇지 않은 행동의 차이를 이해하며, 어떤 사람이 아무리 의도적인 노력을 기울인다 할지라도 의도되지 않은 긍정적 혹은 부정적 결과들이 일어난다는 것에 대해서도 이해한다.

'다른 사람이 나에 대해 어떻게 생각하고 있는가?' 와 같은 이러한 인식은 유아가 다른 사람과 그들의 관계를 어떻게 바라볼 것인가에 대한 생각에 많은 영향을 미친다.

(4) 상호적 조망수용 : 총제적으로 상황을 인식

이 단계에 속하는 아동은 다른 사람들과의 관계 혹은 상호작용 속에서 발생하는 문제에 대하여 좀 더 객관적으로 인식할 수 있게 된다. 아동들은 상호작용이 계속되거나 문제를 헤쳐나감에 따라서 총체적 상황, 즉 개인들이 문제를 어떻게 보고, 다른 사람이 그 문제를 어떻게 인식하느냐를 객관적으로 볼 수 있다. 그런 다음에 그들은 총체적 상황에 관한 추정에 근거하여 그들의 반응 방향을 결정한다. 이들은 사람들이 다르게 생각하고 느낀다는 점과 동일한 상황에 대해 상이하게 다른 관점에 있을 수 있다는 점이 합리적인 해석일 수 있다는 것을 이해한다. 따라서 한 사건에 대한 조망이 다르다고 해서 관점이 틀리다고 인식하지 않는다. 셀먼과 번(1974)의 연구에 의하면 여섯 살짜리 유아는 이 수준에 이르지 못하며, 여덟 살 아동의 10%와 열 살 아동의 20% 수준에 해당됨을 시사하였다.

4) 감정이입

친사회적 행동과 일치하는 정서적 상태는 감정이입, 즉 다른 사람의 감정과 느낌을 공유하는 것이다. 감정이입은 친사회적 행동의 감정적 기초를 제공하는 것으로 알려져 있다(Eisenberg, 1992: Hoffman, 1975). 호프만에 의하면 유아는 어느 연령에서도 타인에게 동정을 느낄 수 있다.

아이젠버그(Eisenberg)의 입장에서 10가지 유형을 준거로 친사회적 드덕추론을 살펴보고자 한다.

(1) 벌 · 권위지향적 추론(obsessive and/ormagical view of authority and /or purshment)

벌에 대한 두려움을 느끼고 권위에 무조건 복종하는 것을 옳다고 생각한다. 인간의 가치나 욕구에 관계없이 물리적 결과가 선악의 기준이 된다.

예) "만일 내가 돕지 않는다면 누군가 알고 벌을 내릴 것이다."

(2) 욕구충족적 추론(hedonistic reasoning)

자기 자신을 위한 이기적인 성향에서 욕구를 충족하려는 데 관심을 두며, 직접적 상호성에 의해 자기에게 오는 직접적 이득이라든지 혹은 다음 번에 같은 상황에서 되돌려 받으려는 생각을 한다.

예) "수영대회에서 우승하기 위해 열심히 연습하는 것이 중요해.", "내가 도우면 다음에 도움을 줄지도 몰라."

(3) 실용주의적 추론(nonhedonistic pragmatism)

이득이나 생각과는 무관한 실제적이며 실용적인 관심에 의해 판단한다.

예) "나쁜 아이는 한 명이고, 영수와 아이는 두 명이므로 힘을 합해 혼내 줄 수 있다. "

(4) 타인의 필요지향적 추론(concern for others' need, needs-oriented reasoning)

자신의 욕구와 타인의 욕구 사이에서 갈등할 때 타인의 욕구와 필요를 우선적으로 지향한다. 즉, 타인의 심리적, 신체적, 물리적 상태에 더 관심을 가진다.

예) "장애아동들이 수용할 수 있다면 그 아이들은 행복해질 거야.", "다친 아이니까 도와줘야 한다."

(5) 인간지향적 추론(reference to and concern with humanness)

타인도 인간이고 살아가고 있는 사람이라는 사실에 관심을 둔다.

예) "그들도 사람이므로 나눠 줘야 한다."

(6) 상투화된 추론(stereotyped reasoning)

상투화된 고정적인 상(image)에 관심을 둔다. 즉, 선한 사람, 악한 사람에 대한 고정적인 유형을 갖고 행동을 추론한다.

예) " 돕는 일은 좋은 일이니까 돕는다.", "도와야 착한 사람이 되니까 돕는다."

(7) 승인과 인간지향적 추론(approval and interpersonal orientation reasoning)

올바른 행동을 결정하는 데 타인의 칭찬과 승인에 관심을 두어 추론한다. 또한 대인관계 향상을 바람직한 결과로 생각한다.

예) "그를 돕는다면 그의 부모님들은 그를 자랑스럽게 여길 거야."

(8) 감정이입적 추론(overt empathic orientation reasoning)

타인을 배려하고 동정심을 나타내고, 타인의 입장에서 생각하고 그의 입장에서 추론하는 동정적, 역할수용적 추론을 한다.

예) "측은하니까", "가엾은 아이니까", "내가 이런 처지를 당했다는 이유에서 돕겠다."

(9) 내재화된 정서적 추론(internalized affect reasoning)

추론을 하는 데 있어서 자신의 내재화된 가치에 따라 정서적인 보상과 벌을 생각한다. 즉, 자신의 가치를 따랐을 때 기분이 좋고, 자신의 가치를 따르지 못했을 재 좋지 못하다는 부정적인 정서를 느끼게 된다.

예) "도와주면 기분이 좋아질 테니까.", "다친 아이를 그대로 놔두면 마음이 아프고 생일 초대에 가서도 편치 않을 것이다.", "수영을 가르쳐 장애아동이 잘 걸을 수 있다면 보람을 느끼게 되니까."

(10) 추상적이고 내재화된 추론(other abstract and/ or internalized types of reasoning)

내재화된 책임이나 의무를 바탕으로 수용적인 기준이나 가치, 법칙에 따르려 한다. 또한 타인의 권리에 관심을 둔다.

예) "서로 도우며 살아야 하기 때문에 나눠 줘야 한다. ", "앞으로 수영대회에 나갈 기회는 언제든지 있지만 장애아동이 수영을 배움으로써 걸을 수 있다면 가르쳐 주어야 참다운 사람이 되므로", "도움이 필요한 사람을 도울 의무가 있다."

Part

2

영유아 인성교육

제 3 장

영유아 인성교육

1. 영유아 인성교육의 필요성

현대사회는 고도로 발전하였고 복잡하기 때문에 혼자서는 해결할 수 없는 문제들이 많다. 따라서 다양한 능력을 지닌 사람들이 함께 팀워크와 네트워크를 이루어 일을 해야 한다. 그렇기 때문에 일을 하고 싶으면 우선 남들에게 자기와 "일을 함께 하고 싶다"라는 느낌을 줘야 한다. 즉 인성은 '남과 더불어 일을 할 수 있는 능력' 을 말한다. 인성은 머리로 안다고 되는 것도 아니며, 하루 만에 이루어지는 것이 절대 아니다. 인성은 오랜 학습의 결과이며, 인성도 실력이다(조벽, 2002). 인성은 어린 시절부터 형성되기 때문에 어떠한 교육보다도 올바른 인간이 되기 위한 인성교육이 우선되어야 한다. 이렇게 될 때 그 사회가 더 성숙한 민주국가가 될 수 있는 것이다.

존 듀이는(J. Dewey)는 인성교육의 필요성에 대하여 "최상의, 그러면서도 가장 심오한 도덕교육은 다른 사람과 적절한 인간관계를 갖는 것이다. 현 교육체제가 이러한 조화를 파괴하거나 등한시하는 한 순수하면서도 정상적인 도덕교육의 역할을 하기는 어렵거나 불가능할 것이다."라고 했다(Archambault, 1964). 이것은 유아기의 인성교육은, 유아들이 그들의 또래집단뿐만 아니라 다양한 인간 관계망을 통하여 자기의 입장과 타인의 입장을 함께 고려해 볼 수 있는 경험이 중요하다는 것을 강조한 말이다.

또한 인성교육의 필요성에 대하여 리코나(Lickona)는 "한 인간을 도덕이 아닌 머리로만 교육하는 것은 사회에 대하여 하나의 위험인물을 교육하는 것과 다를 바 없다."고 했다. 즉, 인성교육의 부재나 실패는 위험한 인간, 위험한 공동체를 형성하는 지름길인 것이다. 우리는 자신뿐만 아니라 수많은 인간관계 속에서 이러한 위험성에 노출되어 있다. 소위 머리만 좋은 사람들은 자신이 가지고 있는 지식을 사적인 이익, 부, 명예나 권력을 위하여 사용하고 공동체의 선을 위하여 사용하는 데는 인색하다는 것이다.

[그림 3-1] 영유아 인성교육의 필요성

이상에서 알 수 있듯이 영유아기는 기본생활 습관이 형성되는 매우 중요한 시기이다. 기본생활 습관은 영유아들이 여러 가지 환경에 적응해 가는 과정에서 행동의 반복으로 형성되며, 한 번 형성된 습관은 쉽게 고쳐지지 않기 때문에 더욱 영유아기의 생활습관은 인성교육의 기초가 된다고 할 수 있다. 따라서 영유아기의 기본생활 습관의 형성은 인성 형성과 사회성 발달에 중요한 역할을 하며, 초·중등학교와 같은 상급학교 기관에 연계되어 성숙한 민주 시민으로 성장하는 발판이 되는 것이다.

이 시기는 가정의 부모와 유치원의 교사가 유아 인성교육의 모델임을 인식하고 가정과 유치원에서 부모와 교사는 언행의 모범을 보여줘야 한다. 인성교육의 최고 교수법은 도덕적으로 살아가는 모습을 보이는 것이기 때문이다(우영효, 2003).

인성교육을 강화해야 하는 이유를 3가지로 나누어 보면 다음과 같다.

1) 개인적 측면

인간은 자기 스스로를 존중하고 타인을 존중할 때 행복감과 소속감을 느낄 수 있다. 그러므로 어린 시절부터 유아들에게 타인의 입장을 고려하고 예절과 질서를 지키며 서로 더불어 살아가는 존재라는 것을 가르쳐 주어야 한다. 즉, 자기감정을 조절하고 타인의 감정을 이해하여 원만한 대인관계를 유지해 나가는 경험들을 유아들 수준에서 경험하도록 해야 하는 것이다.

2) 환경적인 측면

영유아기의 인성은 다양한 사회 환경과의 상호작용에 의해서 형성된다. 특히 영유아들이 성장하는 과정에서 여러 가지 경험의 축적물이 쌓여 인성이 된다. 따라서 인성은 어린 시절에 어떤 경험을 하느냐에 따라 달라지고, 개인의 삶의 방향과 도덕적 행동의 수준을 결정하게 된다. 그래서 영유아기 때에 보다 바람직한 도덕적 경험을 할 수 있도록 실천 위주의 인성교육이 필요한 것이다.

3) 사회 국가적 측면

선진국이 될수록 자기 나라 고유의 정신적 가치를 소중히 여기고 자부심을 가지고 살아간다. 21세기의 주인공인 영유아들은 우리의 꿈이며 희망이다. 지식의 폭발적 증가와 국경 없는 시대에 살아가야 하는 유아들은 더욱더 바른 인성의 소유자가 되어야 한다. 세계화와 개방화가 될수록 어른에 대해 예절을 지키고 공경하는 우리 고유의 정신은 우리의 공동체 의식을 높여 줄 것이다. 따라서 영유아 시기의 인성교육을 강화하는 것은 국가경쟁력의 중요한 요소가 될 수 있다.

2. 인성교육의 개념

인성이라는 말은 추상적이고 포괄적인 의미를 가지고 있기 때문에 한 마디로 정의하기 어렵다. 일반적으로 심리학과 철학 분야에서는 다소 다른 의미로 사용하고 있다. 심리학적 관점에서는 인성이라는 말이 가치 중립어로 사용되는 '성격'(personality)을 의미하지만, 철학적 입장에서는 가치어로 '인격'(character)과 같은 의미로 사용되고 있다.

여기에서의 다양한 인성에 대한 개념을 살펴보면 다음과 같다.

- 존 로크(J. Locke) : 인성이란 어떤 사람이 자신의 욕구와 기분을 억제하고 이성의 명령에 따르는 것이다.
- 리코나(Lickona) : 인성이란 도덕적으로 선을 인식하고, 또한 선을 바라며 행하는 것이다.
- 올포트(Allport) : 인성이란 환경에 대한 개인의 독특한 적응을 결정하는 정신적 물질적인 모든 체계의 역동적 조직이다.
- 남궁달화(1999) : 인성이란 사람의 성품을 나타내는 말로서 사람다운 사람이 가지는 품격이다.
- 한국교육학회(2001) : 인성이란 기존의 인지적으로 편중된 교육 상황에서는 별로 다루지 않는 정의적 측면 및 인간의 본성과 관련한 것으로, 학습자로 하여금 건강하고 전인적인 민주 시민으로 성장하고 생태적인 본성을 실

현함으로써 보다 풍부하고 자유로운 삶을 살 수 있도록 하기 위한 교육적 경험을 제공해 주는 것이다.

이상에서 살펴본 바와 같이 인성이라는 개념은 학자에 따라 다양하게 정의되고 있다. 따라서 인성교육은 가정과 교육기관 그리고 사회가 연계하여 수행할 때 유아들이 바람직한 인성을 지니게 될 것이며, 그렇게 될 때 우리는 인성 국가에서 살 수 있게 될 것이다.

3. 인성교육의 내용

인성교육의 내용은 자기를 바로 알기, 바르고 좋은 자기가 되기, 다른 이들과 잘 더불어 살기, 즉 자기 인식, 도덕성 실현, 사회성 함양으로 정의하고 있다.

① 자신의 본성이나 본질에 대한 정확한 탐색과 인식
② 자기 이해
③ 자기 수용
④ 자기 개방
⑤ 인간관계
⑥ 도덕성 함양
⑦ 가치관 확립
⑧ 사회성 함양

한국교육학회(2001)는 8가지 인성교육을 전인적인 인간교육의 필수적인 과정으로 인식함으로써, 인성교육이 다루어야 할 구체적 내용을 정의하고 있다.

4. 인성교육의 목적

인성교육의 목적은 우리 공동체 안에서 인간다운 인간, 인간다움의 향기를 가진 인간을 길러내는 데 있다.

한국교육학회는 인성교육의 목적을 다음과 같이 정리하였다.

첫째, 무엇보다도 자기 자신을 바르고 정확하게 이해하도록 하는 일이다. 자기 자신을 올바르게 이해하는 사람은 가장 합리적이고 현실적인 행동을 선택하고 실행할 수 있기 때문이다.

둘째, 자기 자신을 존중하고 수용하게 하는 일이다. 이는 이기적인 품성과는 전혀 다른 성질의 것이다. 자기존중이 없으면 자기를 비하하거나 학대하게 되고 반사회적인 행동을 나타내기도 한다.

셋째, 자기 자신의 일시적인 감정이나 행동을 통제하고 조절할 수 있는 능력을 함양시키는 일이다. 바람직한 인성의 소유자는 자신의 본능적인 행동이나 감정을 생산적이고 창조적인 방식으로 승화시켜 표현할 줄 안다.

넷째, 올바른 현실 감각을 길러 주는 일이다. 이상이나 기대를 지나치게 앞세운 나머지 현실을 무시하고 행동하는 것은 타인과의 원만한 인간관계를 방해하나, 자신의 환경을 정확히 이해하는 현실에 기초한 사고는 건전한 인성의 필수적인 요소가 된다.

다섯째, 자기 자신뿐만 아니라 타인에 대한 공감적 이해와 존중의 자세를 함양하는 일이다. 공감이란 타인의 감정을 공유하는 것으로 상대방의 입장을 이해하면서도 결코 자신을 잃지는 않는 것을 말한다.

5. 인성교육의 방법

인성교육은 인간다움을 위한 교육이다. 인간다움은 첫째, 마음이 조화롭게 발달된 사람, 둘째, 자아를 실현하는 사람, 셋째, 더불어 사는 사람의 삶의 모습이다. 이러한 구성요소를 바탕으로 하는 정서교육, 가치교육, 도덕교육이 인성교육의 방법이 된다.

1) 정서교육 : 마음의 발달을 위한 인성교육

인성교육은 먼저 인간됨의 기초가 되는 마음의 교육이 이루어져야 한다. 마음은 지(知),정(情),의(意)로 구성된다. 마음의 교육은 이들의 조화로운 발달을 교육하는 것이다. 정과 의를 중심으로 하는 정서교육적 측면에서 살펴보면, 정서에는 원인이 있고, 목표가 있으며 신념도 있다. 원인과 목표와 신념은 정서를 구성하는 요소가 된다. 한편 신념에는 이유가 수반된다. 정서가 목표와 신념을 가진다는 것은 정서교육도 목표와 신념을 고려해야 한다는 것을 의미한다.

정서교육의 합리적 접근을 위해서는 교사에게 두 가지 역할이 요구된다. 첫째, 교사는 정서상태에서 '이런 것' 도 느낄 수 있고, '저런 것' 도 느낄 수 있는 '다른 사람으로' 의 역할을 할 수 있어야 한다. 둘째, 교사는 정확한 해석을 위해 그의 의식적인 지능을 관리할 수 있어야 한다. 무엇보다도 교사가 다른 사람으로의 역할을 할 수 있을 때 유아에게 정서의 인지능력뿐 아니라 정서상태에 대한 지각, 사고, 결정 등 다른 요소들도 길러줄 수 있는 기회를 제공할 수 있다.

정서교육에서 활용될 수 있는 무언극, 드라마, 게임, 음률활동, 동극 등의 활동이나 여러 매체 등을 사용하여 교육할 때 교사는 세 가지 점에 유의해야 한다.

첫째, 교사는 유아에게 '정서 인지의 의미가 무엇을 뜻하는가' 를 분명히 해야 한다. 또한 어떤 종류의 정서 인지에 관심을 가지고 있는가도 분명히 해야 한다.

둘째, 교사는 유아의 정서 인지의 실체가 되는 '참된' 정서를 보일 수 있도록 지도해야 한다.

셋째, 교사는 유아들이 자신과 타인의 정서를 인지한 것을 언어에 의해 합리적으로 그리고 정확하게 서술할 수 있도록 지도해야 한다.

2) 가치교육 : 자아실현을 위한 인성교육

인성교육은 인간을 인간되게 또는 인간답게 하는 교육이다. 인간다움은 가치를 추구하고 실현하는 데서 찾아볼 수 있다. 개인적 차원에서 가치를 추구하고 실현하는 모습은 자아실현에서 찾아볼 수 있다. 대개 우리는 우리가 가지고 있는 소질이나 능력에 가치를 부여한다. 그러므로 나의 소질이나 능력을 드러내어, 즉 발휘하여 나를 이루는 자아실현은 곧 가치의 실현을 의미한다.

그러나 가치실현이 자아실현이라고 해서 모든 가치의 실현을 다 자아의 실현이라고 말할 수는 없다. 그것은 우리에게 삶의 의미와 보람을 가져다 줄 수 있는 가치여야 한다. 그 자체가 목적이 되는 내재적 가치를 추구하고 실현할 때 비로소 인간다운 삶의 의미와 보람을 발견할 수 있는 것이다.

매슬로우에 의하면, 우리는 자아실현의 순간에 절정을 경험하고 그 속에서 내재적 가치를 발견한다. 이는 우리가 보람 또는 의미를 발견할 수 있기 위해서는 자아실현을 할 수 있어야 한다는 뜻이다. 자아실현은 주로 과업의 성취를 통해 이루어진다. 그러므로 우리가 어떤 과업을 선택하느냐는 중요한 문제이다. 선택은 그 자체가 가치의 작용이다.

가치교육은 교사가 유아에게 가치를 계발하고 판단하여 가치관을 수립할 수 있도록 도와주는 일이다. 다시 말하면 가치교육은 유아가 과업의 성취를 통해 절정을 경험하고, 그 속에서 존재가치를 지각하여 삶의 의미와 보람을 발견할 수 있도록 도와주는 일이다.

3) 도덕교육 : 더불어 살기 위한 인성교육

도덕은 큰 길, 품행의 길, 은혜의 길로서 삶의 표준 또는 행위의 표준이다. 이러한 표준은 도덕의 원리에 의해 제공된다. 도덕의 원리는 '공정한 이익의 고려' 라고 할 수 있다(남궁달화, 1999).

또한 도덕교육은 도덕 원리의 교육이다. 도덕 원리는 '내용', '형식', '동기'로 작용할 수도 있다.

이들 각각을 내용의 도덕교육, 형식의 도덕교육, 동기의 도덕교육으로 볼 수 있다. 내용의 도덕교육과 형식의 도덕교육은 주로 표면적 교육과정으로 이루어질 수 있다. 그러나 동기의 도덕교육은 잠재적 교육과정에 크게 의존하며, 내용의 도덕교육과 형식의 도덕교육이 이루어지는 과정에서 부수적으로 이루어지는 편이다.

바람직한 도덕교육의 접근은 세 가지 접근의 도덕교육이 동시에 그리고 함께, 즉 통합적으로 이루어져야 한다.

인성교육은 교사가 유아로 하여금 인간이 되게 하는 교육이다. 인간다움은 가치를 추구하고 실현하는 사람의 모습이다. 그러므로 인성교육은 가치교육에 의해 이루어진다. 인간다움의 모습을 사회적 차원에서 볼 때, 그것은 더불어 사는 사람의 모습이다. 유아가 더불어 살아갈 수 있도록 도와줄 수 있는 교육은 그들이 공유된 가치를 추구하고 실현하도록 도와주는 일이다. 공유된 가치는 도덕적 가치이다. 도덕적 가치를 추구하고 실현하도록 도와주는 교육이 바로 도덕교육이다. 도덕교육은 유아가 사회적 차원에서 인간답게 살아갈 수 있도록 도와주는 가치교육이다.

이처럼 인성교육의 한 요소 또는 영역은 교사가 유아에게 더불어 살아갈 수 있도록 도와주는 도덕교육에 의해 그들을 인간되게 하는 것이다.

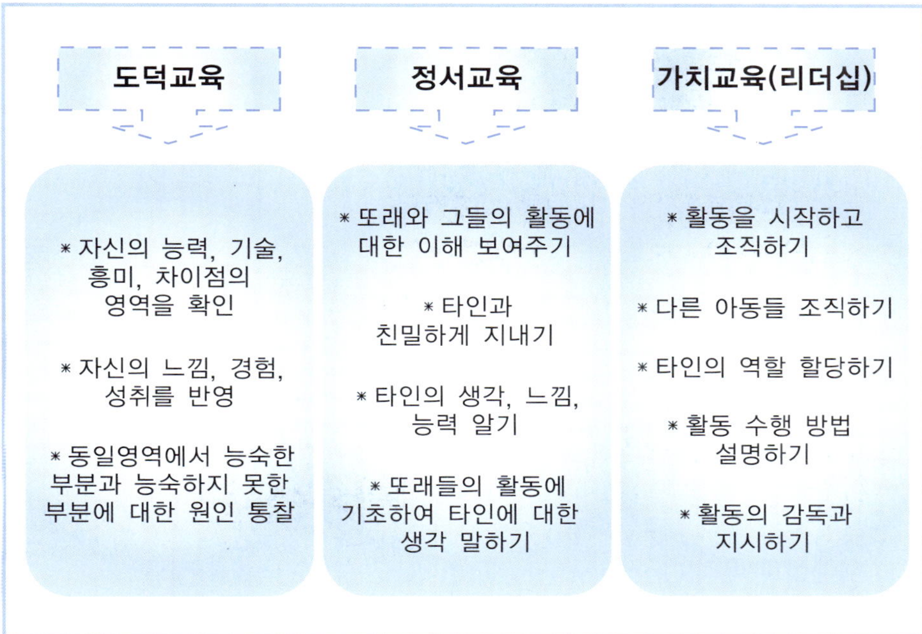

[그림 3-2] 인성교육의 방법

제 4 장

주요 실천 내용

1. 타인 인식 능력

1) 이해심과 배려(Understanding & Consideration)

이해심은, 썰매를 못 타는 친구의 마음을 이해하고 도와주는 것이다.

배려는, 무거운 짐을 들고 계신 할머니의 짐을 들어 드리는 것이다.

[그림 4-1] 인성교육의 방법

(1) 이해심과 배려를 심어 주기 위해 지켜야 할 기본 원칙

① 칭찬을 자주 해준다

유아들이 다른 사람과 무언가를 나눈다든지, 무엇을 준다든지, 그들이 필요로 하는 것을 해줄 때는 꼭 안아 주고 칭찬해 주자. 주변의 모든 사람들이 들을 수 있게 큰 소리로 말이다.

② 책임감을 심어 준다

하버드 대학의 연구에 따르면, 아이들이 책임감을 느낄수록 다른 사람을 생각하는 마음도 더 많이 생긴다고 한다.

③ 본보기를 통해 가르치고 아이의 말에 귀 기울인다

유아의 말을 유심히 듣고 있으며 항상 염려하고 있음을 분명히 보여주자. '유아의 말에 귀 기울이기' 를 실천해야 한다. 무조건 명령하고 간섭하지 말고 아이의 말을 유심히 들어 봐야 한다.

유아가 하는 말을 다시 한 번 정리해 주면서 부모가 신경 써서 듣고 있다는 것을 알 수 있게 하는 방법은, 유명한 정신과 의사인 칼 로저스(Carl Rogers)의 이름을 따서 '로저리안 테크닉(Rogerian technique)' 이라고 부른다. 칼 로저스는 사람은 나이에 상관없이 상대방이 관심 있게 자기 이야기를 들어 줄 때 더 많은 이야기를 한다는 점을 밝혀 냈다.

유아의 말에 귀 기울이면 유아가 자기 이야기를 더 많이 할 뿐만 아니라, 이로써 타인에게 공감하는 본보기를 보일 수도 있다.

C : 선생님, 있잖아요…….

T : (유아 쪽을 향해 눈을 맞추며) 응, 왜?

C : 있지요……. 태권도에서요.

T : (다정하게 눈을 바라보며) 응.

C : 사범님한테 칭찬 받았어요.

T : 뭐, 칭찬 받았어? 좋았겠다. 우리 철수 칭찬 받을 일 했어?

C : 응, 있지요, 제가요…….

……(중략)……

T : (유아를 바라보고 쓰다듬어 주면서) 우리 철수 정말 멋진걸.

** 교사는 아이의 말을 반복하면서 공감해 주고 확실하게 받아들여야 하고, 온몸으로 관심을 표현하면 내성적인 유아도 자신의 이야기를 하고 기분이 좋아지고 교사와 신뢰감이 쌓인다.

④ 교사(부모)가 먼저 "미안해"라고 말한다

교사가 실수나 잘못된 판단을 했을 때, 혹은 유아의 감정을 잘 몰라 주었을 때는 유아에게 다가가서 좀 더 적절하게 대처하지 못하고 신경을 써 주지 못해서 미안하다고 말해야 한다.

⑤ 유아가 하는 일에 대한 느낌을 이야기해 준다.

유아는 아무렇지도 않게 부모에게 자신의 느낌을 말할 때가 있다. 상처를 주는 말뿐만 아니라 긍정적인 말에 대해서도 그때그때 지적해 주어야 한다.

예를 들면, "알아서 스스로 방 청소를 하고, 동생의 숙제도 도와주어 엄마는 참 행복하단다."와 같은 말이 있다.

P : (부모가 거실로 나오면서) 어머! 거실에 장난감이 아직 정리가 안 되었네?

C : (TV프로그램을 보다가) 아, ○○보느라고 깜박했다. 엄마, 제가 치울게요.

P : 엄마를 이해해 줘서 고마워.

C : 지금 치울게요.

P : 고마워. 덕분에 엄마는 식사 준비를 할 수 있겠다.

(잠시 후 장난감 정리를 하고 오는 유아를 보고) 우리 철수가 도와줘서 엄마에게 얼마나 도움이 되었는지 몰라. 고마워.

C : 응, 엄마, 앞으로 더 잘할게요.

** 유아가 해야 할 일을 하지 않았다면, 감정적으로 대처하기보다 유아에게 "아직 안 했네?" 하는 정도로 다시 한 번 인식시키고 여유를 준다. 유아가 그 일을 하고 나면 감사의 마음을 전해야 한다.

(2) 실천 프로그램

① 잠들기 전 이야기

〈편안한 분위기에서는 느낌에 대한 이야기를 좀 더 쉽게 할 수 있는 방법〉

부모의 대화하기에는 잠들기 전의 시간이 좋다. 유아에게 재미있는 이야기를 들려 주고 유아의 느낌에 대해서 이야기를 나눠 보자.

유아의 잠자리 옆에 앉아서 부모가 먼저 하루 동안의 느낌들을 이야기해 준 다음, 유아도 비슷한 이야기를 할 수 있게 하자. 질문하고 북돋아 주고 보충해 주면서 유아가 느낌을 제대로 표현할 수 있게 도와준다.

처음부터 자신의 느낌을 잘 말할 수 있을 거라고 기대해서는 안 된다. 처음 얼마간은 부모의 느낌을 이야기해 주는 데 만족하면서, 유아가 스스로 표현해 내기를 인내심을 가지고 기다려야 한다.

2) 존중(Respect)

존중은, 어린 동생이 말을 잘 못해도 끝까지 들어 주고 함께 놀아 주는 것이다.

존중은, 저녁을 먹은 후에 엄마에게 "잘 먹었습니다."라고 말하는 것이다.

[그림 4-2] 어린 동생들을 존중해 주면서 함께 놀고 있는 유아들

(1) 존중심을 심어 주기 위해 지켜야 할 기본적인 원칙

① 칭찬을 많이 하라

유아가 공손한 행동을 했을 때는 곧바로 인정해 주고, 계속 그런 태도를 지닐 수 있게 북돋아 주자. 유아가 착한 일을 하면 온 친구들이 보는 앞에서도 칭찬해 주고, 나중에 따로 한 번 더 칭찬해 준다.

② 유아 스스로 잘못을 고쳐 나가게 하라

이는 유아들의 불손한 행동을 교정할 수 있는 좋은 방법이다(집이나 원에서 저지르는 불손한 행동을 용납하지 않는 일과 병행해서). "다시 한 번 해보자."라는 말이 버릇이 되게 하자. 대답이 공손하지 못할 때나, "부탁이에요." "고맙습니다."와 같은 말을 하지 않을 때는 "다시 한 번 해보자"라고 말하고, 유아가 제대로 할 때까지 계속해서 같은 일을 반복한다. 이 방법은 유아의 연령에 상관없이 모두에게 해당된다.

(2) 실천 프로그램

① "예" 또는 "아니오"

〈유아들이 공손함이라는 단어를 배워서 사용할 수 있게 하는 방법〉

공손함이란 '착하게 행동하고 착하게 말하는 태도'라고 일러 주자. 그리고 나서 다음에 예로 드는 철수 이야기를 해준다. 이야기를 해 준 후 철수가 한 말이나 행동이 공손했다고 생각하는지 물어보자. 아이는 예, 아니오로 대답한다.

상황 1.

T: 선생님이 장난감 정리를 하라고 했을 때 철수는 "싫어. 안 해."라고 소리 질렀어요.

C : 아니오.

상황 2.

T : 철수가 옆집 화단에 있는 꽃을 다 꺾었어요.

C : 아니오.

상황 3.

T : 철수가 "엄마, 용돈 주셔서 고맙습니다."라고 말했습니다.

C : 예.

② 역할극

〈왜 다른 사람을 존중해야 하는지 알도록 도와주는 방법〉

교사가 유아의 역할을 맡고 유아에게 상대방 역할을 맡긴 후 다음 상황을 하나씩 연기한다. 연기를 마칠 때마다 "기분이 어때?"라고 물어본다.

- 어른이 사탕을 주면, 유아는 "감사합니다."라고 말한다.
- 유아가 보도로 걷지 않고 잔디밭으로 다녔기 때문에, 잔디(유아에게 잔디 역할을 맡긴다)가 죽어가고 있다.

- 저녁을 먹은 후에 유아가 엄마에게 "잘 먹었습니다."라고 말한다.
- 엄마가 친구분과 이야기를 나누는데 유아가 자꾸 방해한다.

③ 빨간 표시와 까만 표시

〈유아들로 하여금 항상 '존중'을 염두에 두고 공손한 행동과 불손한 행동을 구별할 수 있게 도와주는 방법〉

유아의 이름을 적은 표를 하나 마련한다. 유아가 친구에게 소리를 지르거나 때리거나, 뭘 해달라고 조르는 등의 불손한 행동을 보였을 때는 그 표에 까만 표시를 하고, 예절에 맞고 예의 바르게 행동했을 때는 빨간 표시를 한다. 날마다 표시를 하면서, 시간이 지날수록 빨간 표시가 더욱 많아지고 있는지 확인한다.

3) 공정과 관용(Fairness & Tolerance)

공정은, 동생이나 친구와 같은 장난감을 가지고 놀 때, 시간을 정해서 사이좋게 함께 노는 것이다.
관용은, 친구가 실수로 던진 공에 맞아 아프지만, 미안해하는 친구의 마음을 이해하고 친구에게 괜찮다고 말하는 것이다.

[그림 4-3] 잘못을 저지른 친구를 용서해 주는 유아

(1) 공정과 관용을 심어 주기 위해 지켜야 할 기본적인 원칙

① 간단한 교실 규칙을 정한다

교실에서 규칙은 행동의 지침이 되는데, 이를 통해 유아들이 할 일과 해서는 안 될 일을 구분할 수 있다. 규칙을 정하는 과정은 두 단계로 이루어진다. 먼저 규칙의 중요성에 대해 짧게 토론한다. 나라에는 다른 사람의 물건을 훔치거나 속임수를 쓰는 사람을 처벌하는 법이 있다. 또 안전한 교통을 위해서는 교통 규칙이 있다. 이와 마찬가지로 교실 안에서는 친구들의 행복을 위해서 교실 규칙이 필요하다. 토론을 마치면 유아들이 원하는 규칙을 말하고, 그것을 적고, 함께 규칙을 정한다.

규칙을 정하고 나면 설명을 한다. 이것이 회의의 두 번째 단계이다.

- 평화 : 때리거나 싸우지 않기, 소리지르고 화내지 않기
- 허락 받기 : 화장실을 가거나 교실 밖으로 나갈 때 교사에게 이야기하기
- 정리 : 뒷정리

왜 이런 규칙들이 친구 등을 행복하게 만들 수 있는지에 대해 토론한다.

공정하고 꾸준하게 규칙을 적용하는 동시에 부드럽고 너그럽게 대한다.

이 가치도 본보기를 통해 가르쳐야 한다. 칭찬 받을 일이든 벌을 받을 일이든 그냥 지나치는 일이 없어야 한다. 규칙은 꾸준하게 적용되어야 한다. 하지만 신속히 처리하는 것이 능사는 아니다. 항상 반성과 용서의 여지가 있는지 없는지 먼저 살펴본 뒤에야 벌을 주도록 한다.

T : 어머나, 그게 뭐예요?
C : 누가 줬어요.
T : 받은 거예요? 누가 주었니? (교사는 유아의 눈을 보고 천천히 말한다) 어디에서 생겼는지 선생님에게 말해 줄 수 있겠니?

C : 그게 너무 갖고 싶어서 코알라반에서 가지고 왔어요.

T : 철수야! 만약 철수가 소중히 여기는 장난감을 누군가가 갖고 싶어서 말 없이 가져가 버리면 기분이 어떨 것 같아?

C : 기분 나쁠 것 같아요.

T : 그렇지. 나쁘겠지. 다른 친구도 누가 말 없이 장난감을 들고 가면 기분이 나쁠 거야. 절대로 하면 안 되는 일이야. 선생님, 너무 슬프다.

C : 미안해요.

T : 앞으로 절대로 하지 않겠다고 약속할 수 있겠어?

C : 네.

T : 알았어. 그럼 갖고 싶은 장난감이 있으면 다음엔 어떻게 할 거니?

C : 친구에게 말할 거예요.

T : 그래. "이거 가지고 놀고 싶어. 나 좀 가지고 놀아도 돼?" 라고 친구에게 꼭 말해 주렴. 그럼 친구가 빌려 줄 거야.

C : 네.

T : (단호하게) 약속이야. 이제 선생님이랑 같이 가서 돌려주고 미안하다고 말하자.

** 이럴 때일수록 교사나 부모가 자신의 감정을 억제하면서 유아의 기분을 배려하여 이야기하면 유아는 자신이 한 행위를 스스로 돌아보는 여유를 가지고 규칙을 생각하게 된다.

(2) 실천 프로그램

① 순서대로 차례차례

〈공정함에 대한 생각을 심어 주는 방법〉

3세 유아도 다른 사람과 공유하는 태도를 익힐 수 있다. 장난감을 가지고 놀 때도 차례를 지킬 수 있게 도와주자. "이번에는 철수 차례야."라고 말하면서 다른 친구에게 장난감을 넘겨 줄 수 있게 말한다. 유아가 불평 없이 자기 차례가 될 때까지 기다릴 수 있게 도와주어야 한다.

다른 유아의 차례가 되었을 때 양보를 하면 칭찬해 준다. 시간을 정해 놓고 순서대로 장난감을 갖고 노는 일도 한 방법이다. 일정한 시간을 정해서 아이들이 차례대로 놀 수 있게 하면서, 똑같은 시간씩 장난감을 가지고 노는 일이 공정하다고 이야기해 준다.

② 행복을 주는 단어 기억하기

〈유아에게 함께 나누는 공정함에 대한 생각을 심어 주는 방법〉

모든 사람을 행복하게 만들어 주는 'ㅁ' 으로 끝나는 단어가 세 개 있다고 말해 준다. '공정함', '나눔', '관심' 이다. 이 단어의 뜻을 각각 설명해 주고, 유아들이 외우게 한다. 틈나는 대로 "ㅁ으로 끝나는 말 기억하니?" 라고 물어본다.

2. 정서 인식 능력

1) 사랑(Love)

사랑은, 화초에 물을 주며 가꾸고 돌보는 것이다.

가족들끼리 서로 아끼고 걱정하며 생각해 주는 것이다.

[그림 4-4] 서로 사랑하는 남매

(1) 사랑을 심어 주기 위해 지켜야 할 기본적인 원칙

① 유아의 행동이 마음에 안 든다고 해서 유아를 미워해서는 안 된다

부모는 아이가 전화도 하지 않고, 집에 늦게 왔을 때, 무조건 화를 내기보다는 이런 식으로 말해 보는 것이 더 효과적이다.

"약속보다 두 시간이나 늦게 돌아오면서 전화도 하지 않은 행동이 엄마를 얼마나 화나게 하는지 아니? 너는 벌을 받아야 돼. 하지만 엄마가 미워하는 건 너의 행동일 뿐이라는 걸 알아 줬으면 좋겠다. 엄마는 널 여전히 사랑한단다. 앞으로도 언제까지나 말이야."

② 봉사심을 길러 준다

교사와 유아들 모두 봉사를 통해 사랑하는 법을 배울 수 있다. 봉사심에서 사랑이 싹튼다. 예를 들어, 크리스마스 때 자선행사에 참여한다든지, 주변에 도움이 필요한 사람들을 찾아가 도와준다든지 하는 일 등이 있다.

③ 사과하고 반성할 수 있는 기회를 제공하라

처벌보다는 스스로 '후회' 할 수 있게 하는 데서 사랑이 싹튼다. 실수를 하거나 흥분했을 때, 혹은 규칙을 어겼을 때도, 그 일에 대해서 잘못을 뉘우치고 사과를 하면서 '다시는 그러지 않겠다' 고 다짐하면 처벌을 면할 수 있다는 점을 알려 줘야 한다. 싸움이 일어나면, 항상 잘못은 양쪽 모두에게 있다는 것을 알려 주어야 한다(손바닥도 마주쳐야 소리가 난다).

유아들이 화해를 하면, 스스로 잘못을 뉘우친 점을 칭찬해 주어야 한다. 이런 모든 과정은 사랑이 넘치는 사람으로 만드는 데 도움이 된다.

유아에게 사랑을 가르치고, 자신이나 친구에 대한 사랑을 다른 무엇보다 소중히 여기도록 만드는 일은 유아들의 장래를 위한 최고의 선물이다.

(2) 실천 프로그램

① 언제나 너를 사랑해

〈이야기를 해 주는 일은 무조건적인 사랑의 예를 보여줄 수 있는 좋은 방법〉

잠자리에서 해 주는 이야기를 통해 여러분이 유아의 잘못된 행동만을 불만스럽게 생각할 뿐, 여전히 아이들을 사랑하고 있다는 것을 보여줄 수 있다. 다음에 나오는 이야기들을 기초로 이야기를 한번 만들어 보자. 여러분만의 개인적인 경험을 바탕으로 해도 좋다.

- 어느 날 제이미는 친구들과 놀다가 며칠 전에 엄마가 사 주신 새 신발에 흙을 잔뜩 묻힌 채 돌아왔다. 제이미의 엄마는 그래도 제이미를 사랑하실까?
- 세 살 난 엘리슨은 언니가 가장 아끼는 인형이 수영을 할 수 있는지 알아보려고 인형을 변기에 넣어 버렸다. 엘리슨의 언니는 여전히 엘리슨을 사랑할까?
- 토미는 아빠의 서재에 새로 바른 벽지가 조금 떨어져 있는 것을 보고 그것을 다시 붙이려다가 실수로 찢어버렸다. 토미의 아빠는 찢어진 벽지를 본 후에도 토미를 사랑하실까?

2) 친절(Kindness)

친절은, 부모님 대신 청소를 하는 아이의 마음이다.

친절은, 아이에게 고맙다고 말하는 부모의 마음이다.

[그림 4-5] 친구의 일을 도와주는 유아

(1) 친절을 심어 주기 위해 지켜야 할 기본적인 원칙

① 본보기를 보인다

"부탁합니다.", "고맙습니다.", "실례합니다."와 같은 말을 자주 사용하고, 문을 열 때나 식탁에서 다른 이에게 자리를 내어줄 때도 예의를 갖추어서 해야 한다.

유아들의 일을 도와줄 때도 웃으면서 도와준다. 그리고 나면 유아들도 친절함으로 응답한다.

② 다른 사람의 눈을 보면서 이야기하게 한다

다정한 마음을 전하는 데도 효과적인 방법이다. 수줍음을 많이 타는 유아에게는 먼저 이웃에 있는 어른이나 또래의 친구들에게 말을 걸어 보게 하는 것이 좋다. 교사를 낯선 어른이라고 생각하고 눈을 보면서 이야기해 보는 연습을 하고 "만나서 반갑습니다."와 같은 말을 해 보게 한다.

③ 우정상을 준다

유아들이 친구의 좋은 점을 찾아서 칭찬해 줄 수 있게 북돋아 주어야 한다. 한 주 동안 다른 사람에게 최고의 칭찬을 했던 유아에게 상을 준다. 시상을 하면서 어떻게 친구의 좋은 점을 발견하고 칭찬해 줄 수 있는지 토론해보고, 칭찬을 받은 친구가 얼마나 기분이 좋았을지 이야기한다.

(2) 실천 프로그램

① 친절을 심어 주는 주문 외우기

〈유아들이 공손한 단어를 사용할 수 있게 자극을 주는 방법〉

'수리수리 마수리' 같은 주문이 나오는 이야기를 해 주고 나서, 실제 생활에서도 이런 주문이 있다고 말해 준다. 그 주문을 외면 좋은 일이 생기는 주문임을 알려준다.

"부탁해요.", "고맙습니다.", "실례합니다."와 같은 말은 타인을 미소짓고 기분좋게 하는 말임을 주지시키고, 틈나는 대로 이러한 이야기를 해 주면서 유아가 의식적으로 이 말들을 사용하도록 도와준다.

② '진정한 영웅' 이야기

〈유아들에게 거칠고 강한 태도보다는 친절하고 다정한 태도가 더 좋다는 걸 알 수 있게 해 주는 방법〉

교사의 재량에 따라 이야기를 약간 변형할 수도 있다.

옛날에 한 마을에 형제가 살고 있었어요. 형제는 서로 많이 달랐습니다. 한 사람은 덩치가 크고 힘도 세서 근육질이라고 불렸고, 다른 한 사람은 힘이 세지 않았지만 친절하고 다정했어요. 그는 예의 바른 사람이라고 알려졌습니다. 어느 날 외계인들이 우주선을 타고 이 마을에 나타나서 마을의 지도자를 만나게 해달라고 했습니다. 사람들은 외계인들을 근육질에게 데려갔죠. 근육질은 외계인들을 보자마자 나쁜 종족일 거라고 생각하고는 덤벼들어 잡으려 했어요. 하지만 외계인들이 힘이 더 세서 그만 근육질이 잡혀 버리고 말았습니다. 외계인들이 말했어요.

"이 사람은 마을의 지도자가 아냐. 진짜 지도자를 만나고 싶다."

이번에는 사람들이 외계인들을 예의 바른 사람에게 데리고 갔습니다. 예의 바른 사람은 외계인들을 친절하게 맞이하면서 뭐 도와줄 일이 없느냐고 물었어요. 외계인들은 친절한 행동에 감사를 표시한 다음, 자기들은 '우주 평화 유지군'인데 우주를 돌아다니면서 싸움을 좋아하는 사람들을 잡아서 우주 감옥에 가두는 일을 하고 있다고 했습니다. 하지만 친절하고 다정한 사람들은 괴롭히지 않는다고 했어요. 그러면서 이 마을은 예의 바른 사람이 다스리고 있으니까 걱정할 필요가 없다고 했습니다.

이야기를 통해 현대의 진정한 영웅은 감성의 리더십을 가진 사람이라는 것을 알게 한다.

③ 친절을 베풀고 싶은 대상 정하기

〈베푸는 일을 통해 얻는 기쁨을 맛볼 수 있게 해 주는 방법〉

대상은 친한 친구가 될 수도 있고, 이웃사촌이 될 수도 있다. 대상을 정하고 나면 과자나 꽃을 그 사람에게 준다. 다른 사람과 친절한 행동을 나누는 일은 평생 동안 기억할 만한 추억이 된다.

3) 평화(Peace)

평화는, 동생이 내 연필을 가져가서 화가 났지만 화내지 않고
동생에게 다음에는 허락을 받고 가져가라고 말하는 것이다.
평화는, 친구가 귀찮게 하며 싸움을 걸어와도
화내며 대들지 않고 싸우지 않는 것이다.

(1) 평화를 심어 주기 위해 지켜야 할 기본적인 원칙

① 교실에 평화로운 분위기가 감돌게 하라

평화는 자기 자신뿐만 아니라 다른 사람도 기분 좋게 하고, 일을 더 잘 할 수 있게 한다.

교실이나 가정을 좀 더 조용하게 꾸려 나가려면 다음과 같이 해본다.

첫째, 평안한 음악을 듣는다. 대부분 클래식 음악은 세련됨, 질서정연함, 평화로움 등의 감정을 일으킨다.

둘째, 목소리 톤과 말투에 신경을 쓴다. 크게 소리를 지르는 순간, 교실의 평온함은 깨져 버린다. 사람들은 신체 접촉을 하게 되면 좀 더 부드럽게 말하는 경향이 있다. 유아들에게 이야기를 할 때 어깨나 팔에 가볍게 손을 얹고 말해 보도록 한다.

② 솔선수범해서 노력하라

가끔은 유아에게 '화를 내야 하는' 상황이 있다. 이를 테면 유아들이 잘못된 행동인지 뻔히 알면서도 의도적으로 어떤 행동을 할 때가 그렇다. 하지만 교사가 화를 참지 못하고 마구 화를 내면서 안 좋은 모습을 보여주는 경우가 많은데, 불행하게도 화나 성급함, 조바심 등도 조용함만큼이나 전염성이 강하다. 교사나 부모의 그런 면을 자주 보고 자란 아이는 결국 비슷한 성격을 지니게 된다.

③ 칭찬을 통해 가르쳐라

자신을 차분하게 유지하는 것과 평온하게 반응하려고 애쓰는 것 이외에, 교사들은 '부정적인 반응은 신경질적인 태도' 이고 '칭찬은 평온한 태도' 임을 알아야 한다.

유아를 변화시키기 전에 교사부터 변해야 한다. 교사부터 평온해져야 한다.

아이들의 행동에서 꾸짖을 만한 점 대신 칭찬해 줄 만한 점을 찾아 보고 아주 작은 일에도 칭찬을 아끼지 않는다. "어쩜 그렇게 옷을 빨리 입을 수 있니?" "이렇게 불편한 데서 자면서도 불평하지 않아서 선생님은 고맙구나. 내일은 아주 편한 데서 잘 수 있을 거야." "오늘은 머리가 참 예쁘구나." 하고 일상적인 것에서도 칭찬을 할 수 있다. 교사가 긍정적인 느낌을 보이고 칭찬할수록, 유아들도 웃으면서 서로를 이해하게 될 것이다. 교사 자신을 자제하면 교실의 '평화 온도계' 의 눈금을 조절할 수 있다.

(2) 실천 프로그램

① 말 안 하기 시합

〈유아에게 평온하고 조용하며 차분한 습관을 들일 수 있게 하는 방법〉

이 방법은 차분한 습관을 들일 수 있을 뿐만 아니라, 그러한 기분이 어떤 상태인지 느낄 수 있도록 해준다. 말을 안 하고 얼마나 오랫동안 버틸 수 있는지 시합을 하고 나서 이렇게 물어보자

"가끔은 아무 말도 하지 않고 있는 것도 기분이 괜찮지?"

② 화음(和音) 맞추기

〈유아에게 조화에 대한 생각을 심어 줄 수 있는 방법〉

피아노가 있다면, 조화로운 화음과 아무렇게나 치는 소리의 차이점을 들려주고, 화음이 맞는지 안 맞는지 대답하게 한 다음 어떤 소리가 더 듣기 좋은지 물어보자.

또 어떤 소리가 평화롭고 차분한 소리이고 어떤 소리가 화난 소리인지 물어보자. 그리고 나서 다른 종류의 조화에 대해서 이야기하고, 사람들이 서로를 어떻게 대해야 하는지에 대해 이야기해 준다.

3. 문제 해결 능력

1) 자신감(Self-confidence)

자신감은, 달리기 시합을 할 때 나는 잘 할 수 있다고 생각하고
최선을 다하는 자세를 말한다.
자신감은, 유치원에 갈 때 입을 옷을 직접 선택해서 스스로 입는 것이다.

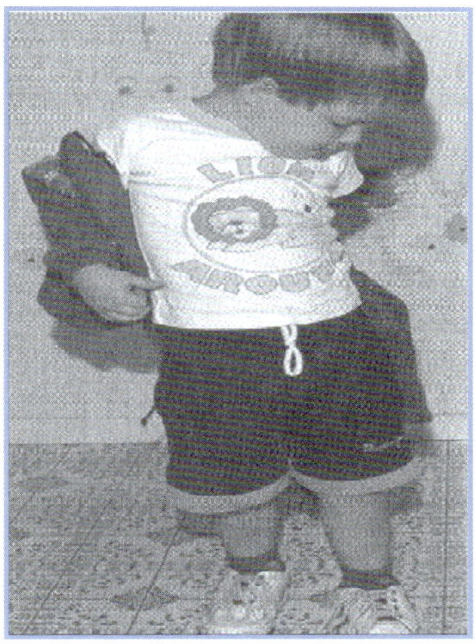

[그림 4-6] 스스로 옷을 입고 있는 유아

(1) 자신감을 심어 주기 위해 지켜야 할 기본적인 원칙

① 본보기를 보인다

'이 가치를 소중히 여기는' 태도를 유아에게 보이도록 한다.

일을 아주 잘 해낸 데서 오는 기쁨을 보여주고, 실수에 대해서는 잘못을 인정하는 태도를 확실히 보여주어야 한다. 실수를 했을 때는 이렇게 말하도록 한다.

"그래, 그건 선생님이 잘못했구나. 이렇게 할 수도 있었을 텐데."

여러분이 항상 잘못을 인정하고 책임을 질 준비가 되어 있으며, 스스로에 대

해 자부심을 가지고 있고 더 나아지려고 애쓰고 있다는 점을 유아들이 알 수 있게 해야 한다.

② 유아를 유심히 관찰하고 유아의 잠재력을 키워 준다

유아가 어떤 재능을 지녔는지 알아보고, 자기만의 개성을 계발시킬 수 있게 도와주어야 한다. 어떤 잠재력이 있는지를 먼저 알아야 그 잠재력을 발휘할 수 있다. 유아들은 원하는 모양으로 만들 수 있는 '찰흙덩어리'가 아니라, 저마다 독특한 재능과 잠재력을 지닌 '묘목' 같은 존재들이다. 참나무를 대나무로 바꿀 수는 없겠지만, 일찌감치 됨됨이를 알아차리고 각자의 분야에서 최고가 될 수 있게 북돋아 주고 키워 줄 수는 있다.

③ 칭찬을 많이 해 준다

유아가 자기 자신과 자기 개성에 대해 긍정적으로 생각하게 도와주고, 스스로에 대한 확신을 가질 수 있게 한다. 이런 확신은 자신감을 가지는 데 꼭 필요하다. 비가 오면 꽃이 지고 해가 나면 꽃이 피듯, 유아들은 자기들을 인정하고 칭찬해 줄 때 활짝 핀다. 유아들이 좋은 일을 하면 그 때를 놓치지 말고 넘치도록 칭찬하도록 한다.

실수를 하거나 뭔가 부족한 점이 발견되면, 그것에 대해 책임질 수 있게 도와주고, 그렇게 책임지는 자세를 칭찬해 준다. 조금 부족한 면이 있다는 사실보다, 그럼에도 스스로에 대해 자신감을 가지고 자부심을 느끼는 일이 훨씬 더 중요하다는 사실을 알려 줘야 한다.

T : 어머니, 오늘 철수가 멋진 일을 했답니다.

P : 선생님, 우리 아이를 칭찬해 주셔서 정말 감사해요.

T : 글쎄, 철수가 오늘 화장실 슬리퍼를 잘 정리하더니 반 친구들에게도 다같이 해 보자고 말하지 뭐예요.

P : 네? 정말인가요?

T : 그럼요. 철수가 얼마나 대견한지 몰라요.

P : (철수 쪽을 향하고 철수를 끌어안는다) 철수야! 슬리퍼 정리했구나. 잘했어.

C : 아…… 네.

T : 저도 철수 때문에 얼마나 도움이 되는지 모른답니다. 철수야 고마워.

P : 우리 철수가 밖에 나와서 좋은 일을 했다니 참 좋구나. 아빠도 들으시면 기뻐하실 거야. 우리 철수~ 아주 멋진데. 다 컸구나.

T : 그럼요. 철수가 얼마나 의젓한데요. 칭찬 많이 해 주세요.

(선생님과 부모님 모두 머리를 쓰다듬어 준다.)

** 이 대화에서 중요한 것은 교사가 유아를 칭찬하자 부모가 바로 그 자리에서 유아를 인정하고 있다는 것과 교사와 부모가 함께 적절하게 칭찬을 했다는 점이다.

유아가 잘한 점이 있다면 그 타이밍을 놓치지 말고 바로 칭찬해 주고 꼭 안아 주면 유아에게는 강한 메시지가 된다.

(2) 실천 프로그램

① 반성의자

〈유아들이 남을 탓하지 않고 스스로 책임지는 자세를 배우는 데 도움이 되는 방법〉

유아들이 싸움을 했을 때 활용하면 좋은 방법이다. 먼저 싸움을 한 두 유아를 딱딱한 의자에 앉혀 둔다. 자신의 잘못을 인정하고 반성하는 사람은 의자에서 내려올 수 있다. 이 방법은 싸움을 방지하는 기능 외에도 아이가 자신감을 가지고 남한테 핑계대지 않고 자기 책임을 스스로 인정하게 하는 데 도움이 된다.

② 기록 남기기

〈유아들이 스스로의 발전하는 모습에서 즐거움을 느끼도록 도와주는 방법〉

네다섯 살 된 아이들은 경쟁심이 강한데, 이 때 타인에게 지지 않으려고 하는 데만 집중을 하면 불안정하고 조급한 성격이 형성될 수 있다.

간단한 '기록'(얼마나 교실을 빨리 정리했는지, 공을 얼마나 멀리 던졌는지 등)을 남기는 일을 통해 자기 자신과의 경쟁이 어떤 것인지 아이들이 알 수 있게 하도록 해 보자.

유아들이 다른 사람과 경쟁하는 대신 자신의 기록을 깨려고 애쓸 수 있게 해야 한다. 이런 활동을 통해서 유아에게 최선을 다하는 자세, 연습, 노력, 발전 등에 대해 이야기해 줄 수 있다.

유아가 '자신감'이란 '자신의 능력을 최대한 발휘하는 힘'임을 이해할 수 있을 것이다.

③ 유아 스스로 결정하고 행동할 수 있는 기회 제공하기

〈유아들이 자신감과 자기에 대한 확신을 가질 수 있게 하는 방법〉

유아 스스로 옷을 입게 하고 사소한 집안일을 하게 해야 한다. 어떤 옷을 입을지, 어떤 음료를 마실지 스스로 정하게 하고, 의자에 앉을 때 혼자 할 수 있게 내버려 두도록 한다. 가끔은 교사들이 하는 일을 도와달라고 요청해 본다. 아이가 아주 작은 일이라도 끝까지 해냈을 때는 칭찬해 주고, 그 일을 스스로 해냈다는 사실을 강조해 준다.

④ 스포츠맨 정신 배우기

〈유아들이 스포츠맨 정신을 배우고, 타인을 탓하지 않게 도와주는 방법〉

놀이 규칙은 아주 단순하다. 주사위 두 개(하나만 있어도 상관은 없다), 프라이팬, 주사위를 넣을 주머니, 게임판(장기판을 사용해도 되고, 아무 종이에 처

음부터 끝까지 50칸 정도를 그려서 사용해도 된다), 게임판에 놓을 말을 준비한다.

처음에는 주사위를 던져서 나오는 숫자만큼 말을 옮긴다. 두 번째는 좀 떨어진 곳에서 주사위가 든 주머니를 프라이팬을 향해 던진다. 이 때 주머니가 프라이팬 안으로 들어가면 여섯 칸, 팬에 맞고 들어가지는 않았다면 네 칸, 맞지도 않았으면 한 칸을 옮긴다. 이런 식으로 한 번은 주사위를 직접 던지고, 한 번은 주머니를 던진다.

놀이를 한 후에 스포츠맨 정신과 자신감에 대해 의견을 나눠 보도록 한다. 유아가 주사위를 던지고 나면, 유아에게 다음과 같이 물어본다.

T : 몇 점이니?
C : 3점이요.
T : 만족해?
C : 그럭저럭이요.
T : 6이 나왔을 때만큼 좋아?
C : 아니요.
T : 6이 나오지 않은 건 누구 잘못이지?
C : 누구 잘못도 아니에요.
T : 그래, 누구의 잘못도 아닌 그런 일도 있는 법이란다. 3이나 1이 나왔다고 해서 화를 내면 되겠니?
C : 아니요.
T : 그렇지. 다음 번에 더 잘하면 되지 뭐. 다같이 즐겁게 놀면 그걸로 된 거야.

주사위가 든 주머니를 던지고 난 후에는 다음과 같이 물어본다.

T : 몇 점이니?
C : 1점이요. 팬을 못 맞혔어요.
T : 6점 받고 싶어?

C : 예.

T : 6점을 못 받은 건 누구 잘못이지? 주머니 잘못인가?

C : 아니요.

T : 그럼 네가 던질 때 웃은 형의 잘못이니?

C ; 아니요. 그렇지는 않아요.

T : 그럼 네 잘못이니?

C : 그런 것 같아요.

T : 하지만 너는 최선을 다했지, 그렇지?

C : 예.

T : 그럼 누구의 잘못도 아닌 거야. 다음에 또 노력하면 되는 거야.

주사위 던지기에서 높은 점수를 얻었다면 "와, 운이 좋구나."라고 말하고, 낮은 점수를 얻었다면 "괜찮아. 다음 번에 잘하면 돼."라고 말해 준다. 주머니 던지기에서 높은 점수를 얻었다면 "잘했어"라고 하고, 팬을 맞히지 못했을 때는 "시도는 좋았어."라고 말해 준다. 놀이에 참여하는 다른 유아들도 그런 말을 해 줄 수 있게 분위기를 이끌어야 한다.

한 유아가 우승을 하면, 교사는 물론 놀이에 참가한 모든 사람들이 축하해 준다. 이긴 유아가 "이번에는 내가 운이 좋았어. 다음에는 네가 우승할 거야."라고 말할 수 있게 하고, 최선을 다했지만 놀이에 진 아이도 우승한 아이 못지않게 칭찬해 주어야 한다. 훌륭한 시합에서는 이기고 지는 것과 상관없이 최선을 다한 사람은 누구나 우승자라고 이야기해 준다.

스포츠맨 정신이란, 이기든 지든 결과에 승복하고 다른 사람을 탓하지 않는 태도라고 설명해 주고, 사람들이 왜 훌륭한 시합을 좋아하는지도 설명해 준다. 일상생활에서 유아들이 스포츠맨 정신을 보이는지 살펴보고, 기회가 닿는 대로 칭찬하는 것도 잊지 말아야 한다.

2) 성실과 믿음(Sincerity & Trust)

성실이란, 친구들과 놀기 전에 숙제와 해야 할 일을 끝마치는 것이다.
믿음이란, 식사를 한 후 식탁정리를 하기로 한 약속을 잘 지키는 것이다

(1) 성실과 믿음을 심어 주기 위해 지켜야 할 기본적인 원칙

① 유아에게 성실하게 행동하라

생각 없이 습관적으로 대하다 보면 중요한 가치를 가르칠 수 있는 기회를 놓치기 때문에, 말 한 마디를 해도 부정적이기보다는 '정확하고 자세하게' 라고 말해 주어야 한다.

② 유아들이 성실하고 믿음을 주는 행동을 할 때마다 고마움을 표시하고 칭찬하라

틈나는 대로 이 가치를 강화시켜 주는 방법이다. 제시간에 밥을 먹으러 올 때나 어린 동생을 보살펴 줄 때 아이들에게 고맙다는 말을 해 주고, 숙제를 다하면 칭찬을 해 줘야 한다.

(2) 실천 프로그램

① 가훈 만들기

〈소속감과 가족 간의 유대감을 키워 주는 방법〉

가훈을 정하면 아이들이 소속감을 느낄 수 있고 가족 간의 유대감도 커진다. 가훈을 정해서 매일 큰 소리로 읽어 보도록 한다. 또 명절이나 가족의 생일에는 가족만의 행사(놀이나 특별행사 등)를 가지는 전통을 만들어서 해마다 지켜 나

가도록 한다. 가족끼리 서로 돕는 전통을 만들어 가는 게 중요하다.

② ○○야, 부탁해!
〈유아에게 신뢰를 가르치는 방법〉

명령을 받은 유아들은 그 말을 따르는 자세만 배우게 되지만, 정중한 부탁을 받은 유아들은 교사나 부모의 말을 따르는 자세와 신뢰를 동시에 배우게 된다.

유아들은 부탁을 받았을 때보다 명령을 받았을 때 더 많이 불평하고 핑계도 많이 댄다. 유아들과 대화할 때 '부탁이야' 라는 말을 사용하도록 한다. 이 때 교사는 '예' 라는 대답을 예상하고 있다는 인상을 주어야 한다. 바로 이런 과정을 통해 유아에게 신뢰를 심어 줄 수 있다. 신뢰란 자신의 말에 책임을 지는 것이다.

③ 넌 잘 할 수 있을 거야
〈성실하고 믿음 있는 행동을 보일 수 있는 기회를 줄 수 있는 방법〉

유아들이 맡은 일을 해내지 못했을 때는 이렇게 말해 준다.

"다시 한 번 해보자, 잘 할 수 있을 거야. 성실하고 믿음 있게 행동해야지. 자, 처음부터 다시 시작하는 기분으로 해보자." 라고 이야기해 준다.

3) 책임과 인내(Responsibility & Patience)

책임감은, 내가 맡은 방청소와 물고기 먹이 주는 일을 꼭 해내는 것을 말한다.
인내는, 가지고 싶은 장난감을 사기 위해 계획하고 아끼고 기다리는 것이다.

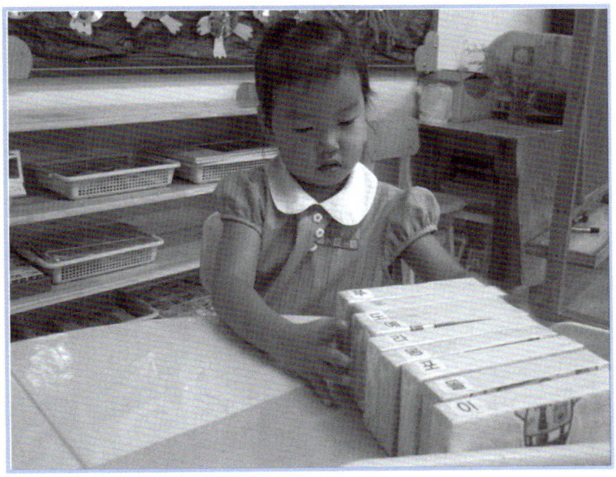

[그림 4-7] 놀고 난 후 정리하는 유아

(1) 책임감과 인내를 심어 주기 위해 지켜야 할 기본적인 원칙

① 본보기를 보여라

생활의 모든 면에서 책임과 인내에 대한 본보기를 보여야 한다.

② 가족 시간표를 만들어라

이 방법을 통해 유아들은 일이 계획대로 진행될 때 생기는 안정감을 느낄 수 있고, 규칙적인 생활 습관을 기를 수 있다.

③ '거래'를 하라

유아 스스로를 단련시키고 목표를 성취할 수 있게 동기를 부여하도록 한다. 아이들이 목표를 정하면 그 목표를 달성했을 때 줄 포상을 마련한다. 이를 통해 더 많은 칭찬을 해 줄 수 있고, 아이들은 지속적으로 자기관리를 할 수 있을 것이다.

어떤 유아는 수영이나 농구 실력을 더 키우겠다고 하고, 어떤 유아는 피아노 연습을 열심히 하겠다고 한다. 또 다른 유아는 책을 많이 읽고 싶지만 시간이 있을지 모르겠다고 한다. 이 때 유아가 스스로 정한 어떤 목표를 달성하면 상을 달라고 '제안' 을 하면 '거래' 가 이루어진다.

'거래' 에서 오는 포상에 대한 기대 때문에 아이들은 약속한 일들을 꾸준히 해낸다. 아무리 주변의 유혹이 크더라도, 그것이 자신과의 싸움이라는 점을 아는 아이들은 목표를 성취해 내고 만다.

(2) 실천 프로그램

① 해야 할 일을 스스로 챙기는 자기관리

〈유아에게 책임감을 길러 주는 좋은 방법〉

서너 살 된 유아에게 방 불 끄기, 아침 먹고 나서 의자 밀어넣기, 개밥 주기 등의 작은 집안일을 맡기고 나서 그 일을 마쳐야만 친구와 놀거나 텔레비전을 볼 수 있게 한다. 유아에게 그 일을 잘 해내면 칭찬을 해주고 그렇게 하는 것이 진정한 도움이 된다고 알려 준다.

"자기 단련은 해야 할 일을 할 수 있게 힘을 기르는 일이란다."라고 이야기하면서, 자기관리와 책임감의 개념을 알려 준다.

T : 준비가 어떻게 되어 가니?
T : 비가 올 때는 어떻게 하는 것이 좋을까?
T : 선생님의 도움이 필요한 일이 있다면 말하렴.

** 유아가 무엇을 하려고 할 때 교사나 부모가 하나부터 열까지 챙겨 주기보다는 유아가 하는 대로 지켜보면서 '뭐가 좋을까?' 와 같은 간단한 질문으로 유아가 보다 좋은 방법을 생각할 수 있도록 돕는다.

② 취침 · 기상 시간 지키기

〈아이들에게 철저한 시간관념을 심어 줄 수 있는 방법〉

유아가 잠자리에 들 시간을 정해 놓자. 유아에게 시계 보는 법을 가르쳐 주어서 잠잘 시간이 되었음을 스스로 알 수 있게 한 다음, 그 시간에는 스스로 잠자리에 들 수 있게 한다. 물론 이를 계속 상기시켜 주어야 한다. 제시간에 잠을 자는 데 익숙해지면 자명종도 사 준다. 유아가 제시간에 일어나서 자명종을 끄고 제시간에 밥을 먹으면 넘치도록 칭찬해 준다.

4) 정직(Honesty)

정직은 가게 점원이 거스름돈을 더 주었을 때 바로 돌려 주는 것이다.
유리병을 깼을 때 부모님께 솔직하게 말씀드리는 것이다.

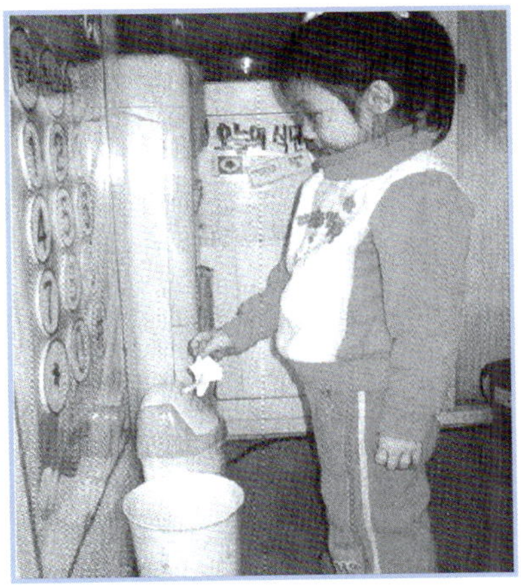

[그림 4-8] 휴지통에 휴지를 버리는 유아

(1) 정직을 심어 주기 위해 지켜야 할 기본적인 원칙

① 유아에게 솔직해라

유아에게 솔직하게 대함으로써 정직의 원칙이 항상 적용되고 있으며, 교사나 부모가 그 원칙에 충실하고 있다는 것을 아이들에게 보여줄 수 있다. 유아들의 질문에 진실되고 솔직하게 대답해야 한다.

② 칭찬하고, 다시 할 수 있는 기회를 제공한다

유아가 진실함을 보일 두 번째 기회를 주는 것이다. 유아들이 거짓말하는 것을 잡으려고 애쓰지 말고, '진실을 말할 때'를 기다렸다가 칭찬해야 한다. 거짓말하고 있다는, 또는 이제 막 거짓말을 하려고 한다는 생각이 들면, 말을 끊고 다음과 같이 이야기하도록 해보자.

"잠깐, 먼저 한 번 생각해 보고 말하자. 진실을 말하는 것이 중요하다는 것 알지?"

③ 결과를 상기시킨다

정직한 행동과 정직하지 못한 행동이 각각 불러올 인과관계를 아이에게 보여주도록 한다. 실제 생활에서든 텔레비전에서든 정직하지 못한 행동이 나타날 때를 주의 깊게 보고, 그 행동의 피해자(속임수에 넘어가서 상처 받는 개인이나 단체)와 행위자 양쪽이 어떤 결과를 맞이하게 되는지 보여줘야 한다. 또한 정직한 행동의 예를 찾아서 그 결과를 보여주는 것도 좋다. 특히 정직한 사람이 가지는 마음의 평화, 확신, 자신에 대한 뿌듯함 등을 이야기해 보도록 한다.

(2) 실천 프로그램

① 솔직함에 대해 넘치도록 칭찬하기

〈날마다 정직한 행동을 할 수 있게 하는 촉매제 역할을 하는 방법〉

유아는 다른 사람의 주목을 받은 행동을 반복하는 경향이 있다. 또한 꾸중과 체벌 같은 부정적인 반응보다는 칭찬 등의 긍정적인 반응을 더 좋아하지만, 아무런 관심을 보이지 않는 것보다는 부정적인 반응이라도 보여주는 것을 더 좋아한다. 따라서 유아가 거짓말을 할 때는 될 수 있으면 주의를 주지 않도록 한다(아니면 그냥 거짓말을 눈치 채고 있다는 것만 넌지시 암시하는 정도면 좋다).

정직하게 이야기할 때는 넘치도록 칭찬을 해준다. 유아가 솔직히 자신의 잘못을 시인할 때는 잘못된 행동에 대한 꾸중이나 체벌보다는 솔직히 말한 것에 대한 칭찬을 더 크게 해야 한다. 아무리 유아라고 해도 잘못한 행동에 대해서는 부모가 안 좋게 생각하고, 정직함에 대해서는 기뻐한다는 사실을 분간할 수 있다.

5) 용기(Courage)

용기는 새로운 친구에게 먼저 말을 거는 것이다.
용기는 자전거를 타다가 넘어져도 다시 도전하는 것이라고 할 수 있다.

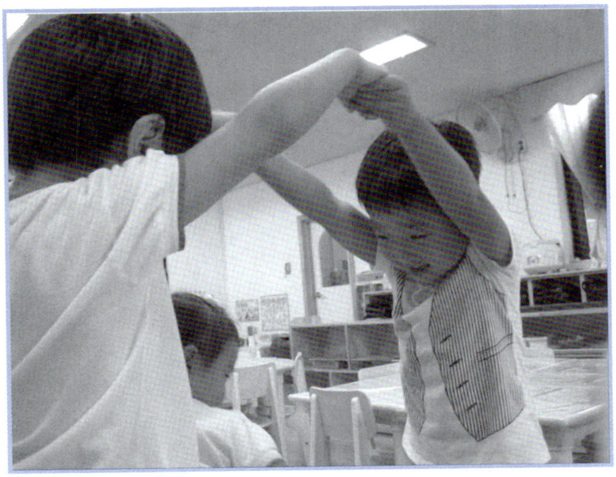

[그림 4-9] 용기 있게 힘자랑 하는 유아

(1) 용기를 심어 주기 위해 지켜야 할 기본적인 원칙

① 용기 있는 시도를 칭찬해 준다

용기에는 반드시 어떤 어려움이 따르고, 용기를 내려면 두근거리는 가슴과 불안함을 극복해야만 한다. 유아들이 이 단계를 넘어 용기 있는 시도를 하면 그것만으로도 많은 칭찬을 받을 자격이 있다. 결과가 좋고 나쁨에 상관없이 용기 있는 행동은 그 시도만으로도 칭찬 받을 만한 것이다.

또한 나쁜 행동을 하는 친구들을 따라 하지 않았을 때나 거짓말하지 않고 사실대로 이야기했을 때처럼 도덕적인 용기를 보였을 때는 특히 더 많이 칭찬해 준다.

② 본보기를 보이고 유아들의 용기 있는 행동을 격려해 준다

교사로서 용기 있는 행동의 본보기를 보여줘야 한다. 여러분이 겪고 있는 어려운 일에 대해 이야기를 해준다. 이 때 과장하거나 으스대듯이 이야기하지 말고, 솔직히 이야기하면 유아들은 어른들에게도 어려운 일이 있다는 점을 알게 된다.

힘든 일을 해냈거나, 내 기분을 불편하게 만드는 사람과도 대화했던 경험을 이야기해주고, 주변의 눈치를 살피지 않고 싫은 일은 싫다고 말했던 경험도 말해 본다. 과거의 경험이건 현재의 일이건 상관없다. 용기와 '객기', 용기 없는 것과 수줍음은 다른 것임을 알려 준다. 이렇게 하면 유아들이 용기는 개성이 아니라 성격이라는 점을 알 수 있을 것이다.

유아들 중에 특히 수줍음을 많이 타는 유아가 있다고 해서, 그 유아에게 더 활달하고 적극적이 되라고 가르치지 않도록 주의해야 한다. 이런 유아에게는 '조용한 용기'에 대해서 이야기해 본다. 잘못된 것에 대해 '아니'라고 말할 수 있는 용기, 친구가 없는 유아에게 먼저 말을 거는 용기 말이다.

사람은 누구나 약간은 두려움을 느끼지만, 옳은 일이라면 어떻게 해서든 해야 한다는 점을 설명해 준다.

(2) 실천 프로그램

① 용기 심어 주기

〈용기는 결과에 있는 것이 아니라 도전해 보는 데 있는 것임을 알고, 노력하는 데서 즐거움을 찾을 수 있게 도와주는 방법〉

유아가 자전거를 배우려고 하면 시작하기 전에 운동화 끈을 꼭 매어 준다.

몇 번 실패한다고 해도 매번 시도할 때마다 칭찬해 주고, 점점 나아지고 있다고 이야기해 준다. 실패를 두려워해서는 안 된다.

유아가 다시 한 번 해볼 수 있게 북돋아 주고 유아가 성공할 수 있도록 교사가 해 줄 수 있는 모든 것을 해 주어야 한다.

② 상대방 눈을 보며 이야기 나누기

〈유아들이 용기를 낼 수 있게 도와주는 방법〉

선생님과 친구들과 이야기할 때는 서로의 눈을 들여다보기로 정한다. 상대방을 똑바로 응시하면 그 사람은 우리를 좋아하게 되고, 우리가 자기를 좋아하고 있다는 것을 알게 된다는 점을 유아들에게 설명해 준다.

"안녕" "어떻게 지내?" "고마워" 같은 말을 할 때, 또 "어디 사니?" 같은 질문을 할 때에도 상대방의 눈을 똑바로 보면서 하도록 한다.

미리 정한 대화를 하면서 상대방의 눈을 오랫동안 들여다보는 시합을 해보는 것도 좋다.

'눈 깜짝하지 않기 시합(눈을 깜짝이지 않고 상대방의 눈을 들여다보는 시합)' 도 해본다.

용기가 있다는 것은 숨길 것이 아무것도 없음을 의미한다는 사실을 유아들에게 설명해 준다. 사람의 눈을 똑바로 본다는 것은 "저는 당신을 믿으니까, 당신도 저를 믿어 주세요."라고 말하는 것과 같다.

이렇게 상대방의 눈을 똑바로 쳐다보는 방법을 익히고 나면, 다른 사람에게 무엇을 물어보거나, 대화를 시작할 때 어떻게 해야 할지 몰라 우물쭈물하는 일은 없을 것이다.

③ 용 이야기

〈유아가 이야기 속에 용기를 통해 일상생활에서 실천할 용기를 연관시켜 생각할 수 있게 도와주는 방법〉

한 젊은 왕자가 있었습니다. 이 왕자는 용을 한 번도 본 적이 없지만, 용이 아주 힘이 세고, 숨을 쉴 때마다 코로 뜨거운 불을 내뿜으며 사람들을 공격한다는 이야기를 들어본 적은 있었죠.

어느 날 아침 왕자가 혼자 있을 때 용이 나타났어요. 왕자는 자신이 가장 아끼는 말을 타고 숲에서 아침 운동을 하던 중이었습니다. 숲 모퉁이를 막 돌려고 할 때 용과 마주치게 되었죠. 왕자는 말을 돌려 도망갈 수도 있었지만, 그러면 용이 마을까지 내려와서 사람들을 해칠 것 같았습니다.

왕자는 두려워서 가슴이 뛰었지만, 용과 맞서 싸우기로 했습니다. 그리고 자신의 칼로 용의 목을 찔렀습니다. 마침내 용은 죽었고, 왕자는 마을 사람들을 구할 수 있었습니다.

유아들의 생각에 따라 위의 이야기를 더 길게 만들어도 좋다. 그러고 나서 유아에게 이렇게 말해 보자.

"왕자는 용기 있는 사람이니?"(예)
"요즘 세상에서도 용기는 필요한 걸까?"(예)
"왜 그렇지? 이제 용도 없는데?" (용은 없지만 용기를 내야 하는 일들이 많으니까요)

'오늘날의 용(용기가 필요한 일)' 의 목록을 다음과 같이 만들어 보자.

- 잘못한 일은 잘못했다고 말하는 것
- 옳은 일이라면 다른 사람 눈치 보지 않고 하는 것
- 전학 온 친구에게 먼저 말 걸기

- 해서는 안 되는 일을 친구들이 하라고 부추길 때 '아니'라고 말하는 것
- 추운 날에도 일찍 일어나서 유치원 가기 전에 운동하는 것
- 자전거나 스케이트를 타다가 넘어져도 다시 타는 것

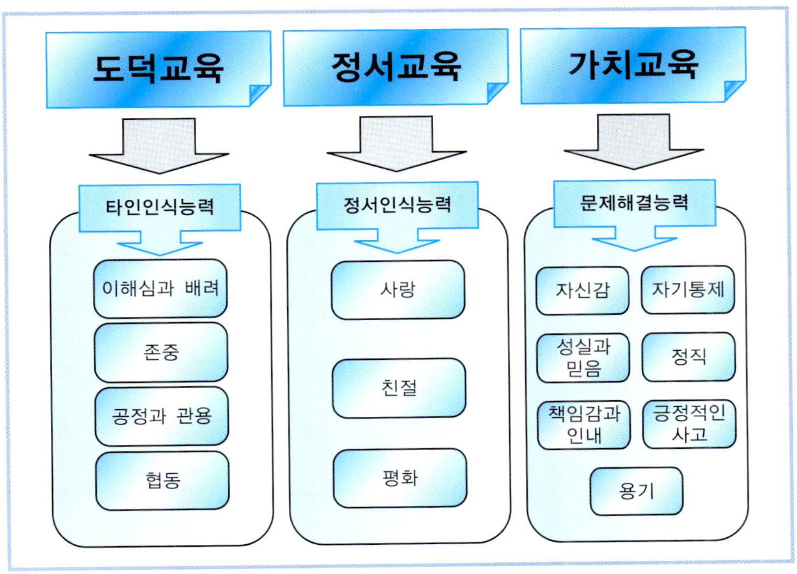

[그림 4-10] 인성교육의 원리

Part

3

실제편

1. 타인 인식 능력

1) 이해심과 배려

2) 존중

3) 공정과 관용

활동 1 자기 소개 콜라주

활동목표	유아가 자기 소개 콜라주를 만듦으로써 자신과 다른 사람을 이해하도록 돕는다.		
관련 주요 실천 내용	이해심과 배려	연 령	만 3세
활동자료	종이, 풀, 가위, 사진, 오래된 잡지, 필기도구, CD 등.		
활동방법	① 유아에게 교사가 미리 준비한 '자기 소개 콜라주' 라는 책자를 보여주며 간단히 소개해 준다('자기 소개 콜라주' 에는 교사가 좋아하는 색, 음식, 가족 등 자신에 대한 자료가 담겨져 있다). – 이것은 우리 가족이야. 선생님 아이들인데 예쁘게 생겼지? 선생님이 좋아하는 강아지 사진도 있고, 아이들이 수영하고 있는 사진도 있구나. 그래서 선생님은 이것을 볼 때마다 재미있었던 일들이 생각나곤 해. – 어른들은 이력서라는 것을 사용해서 내가 누구인지 다른 사람에게 보여 준다는 것을 이야기해 준다. ② 나를 소개할 수 있는 방법에 대해 이야기해 본다. 교사는 유아의 흥미, 능력, 좋아하는 색, 음식 그리고 집에서 기르는 강아지나 고양이 등 여러 가지 방법으로 자신을 소개할 수 있도록 격려한다. ③ 나를 소개할 수 있는 것에 대한 브레인스토밍을 한다. 사진, 그림, 유아가 개인적으로 수집하는 우표나 야구 카드, 좋아하는 과자 봉투, 아끼는 포장지, 특별한 연주회나 야구 경기 티켓 같은 것을 붙일 수 있다. ④ 유아에게 소개할 수 있는 물건들을 배열하거나 붙이기 전에 나름대로 계획하고, 자료를 수집할 수 있는 충분한 시간을 준다. 또한 이 프로젝트를 설명하는 통신문을 가정에 보내 유아를 돕도록 도움을 구한다. ⑤ 프로젝트를 마친 후 학급 친구들과 함께 나에 대한 이야기를 할 수 있는 시간을 갖는다.		

유의사항	① '자기 소개 콜라주'는 유아가 가지고 있는 능력과 흥미를 좀 더 알게 될 때마다 수정이 가능한, 1년 동안 계속될 수 있는 활동이다. ② 유아의 '자기 소개 콜라주' 프로젝트는 참여 수업이나 학부모회의 때 전시할 수 있다.

활동 2 보물 상자

활동목표	자신의 생각, 아이디어, 느낌을 찾아낸다.		
관련 주요 실천 내용	나에 대한 이해 타인에 대한 이해	연 령	만 3세
활동자료	작은 상자들, 스티커, 풀, 종이, 표시할 수 있는 도구		
활동방법	① 교사는 유아의 특별한 생각이나 느낌을 담을 수 있는 각자의 작은 보물상자를 만들 것이라고 설명한다. - 교사는 유아에게 세상에는 나와 똑같은 사람이 있을 수 없으며, 그래서 모두가 특별하고 소중하다는 것을 설명한다. 그렇기 때문에 우리가 하는 생각이나 느낌은 특별하고 소중하다. ② 보물상자를 만들기 위해 어떤 것이 필요할지 이야기를 나누어 본다. 교사는 미리 준비한 재료가 있으면 그것을 먼저 보여준다. 그리고 나서 유아가 보물상자에 넣을 종이를 모으고, 자신의 생각을 쓰거나 그릴 수 있도록 한다. ③ 유아와 함께 개인 생활(privacy : '개인적'이란 것)에 대해 이야기를 나눈다. 각자 만든 보물상자는 개인적이라는 것을 설명하고, 어느 누구도 다른 사람의 상자를 허락 없이는 보지 말자고 약속한다		

유의사항

교사는 '생각'에 대한 토론을 함으로써 이 활동을 준비할 수 있다. 유아에게 하나의 이야기나 간단한 문제를 내서 시작할 수도 있다. 이야기를 중간에 멈추고 유아에게 어떻게 문제를 해결할 수 있는지 질문한다. 예를 들면 다음과 같다.

- 너라면 어떻게 했을 것이라고 생각하니?
- 만약 너와 친구가 같은 시간에 같은 장난감을 가지고 놀기를 원한다면 어떻게 해야 할까?
- 만약 어머니께서 네가 청소를 다 할 때까지 텔레비전을 볼 수 없다고 하면 어떻게 해야 할까?
- 네 옷을 어디에 두었는지 기억나지 않는다면 어떻게 해야 할까?

다른 해결 방법에는 얼마나 많은 것들이 있을지 물어본다.
유아가 생각할 수 있는 여러 가지 방법들을 말해 보게 한다. 다른 사람의 관점에 대하여 듣는 것이 얼마나 중요한지 말해 본다.

활동 3 나의 성장 앨범 만들기

활동목표	자신과 타인의 정서를 불러일으킴으로써 활동을 계획, 지속, 완성할 수 있다.		
관련 주요 실천 내용	나에 대해 잘 알기 이해심과 배려	연 령	만 3세
활동자료	어렸을 때의 사진 2장(정서가 잘 표현되어 있는 사진), 최근 사진		
활동방법	**〈도 입〉** ① 앨범의 개념과 만드는 이유에 대해 알아 본다. – 집에서 앨범을 본 적이 있니? – 사람들은 앨범을 왜 만들까? **〈전 개〉** ① 집에서 가지고 온 사진을 보고 이야기한다. ② 친구들과 함께 사진을 보고 궁금한 것은 물어보고 질문을 한다. – 언제 누구와 찍었니? – 사진을 찍을 때 기분이 어땠니? ③ 사진을 붙이고 나서 사진에 대한 상황 느낌을 적어 본다. – 사진을 더 꾸미고 싶으면 앨범을 장식할 수도 있다. – 글씨 쓰기를 어려워하는 유아는 교사가 적어 준다. – 다른 사람에게 이 사진 속 이야기를 알려 주려면 뭐라고 적으면 좋을까? **〈마무리〉** ① 친구들에게 만든 것을 소개하고 서로의 느낌을 나눈다. ② 앨범을 보고 궁금한 것은 물어보고 질문을 한다. ③ 친구들이 궁금해하는 것들을 조사하여 나의 성장 앨범에 추가 기록하여 완성한다.		

유의사항

책보다는 벽면에 유아들이 언제든지 볼 수 있도록 낱장으로 만들어 붙여 두고, 유아의 반응에 대하여 친구들과 이야기하는 활동으로 진행할 수 있다.

활동 4 낙하산에 인형 태우기

활동목표	• 친구들과 함께 협동하여 낙하산을 움직이기도 한다. • 낙하산으로 물결치는 모양을 다양하게 나타내본다.		
관련 주요 실천 내용	협동(협력)	연 령	만 3세
활동자료	낙하산, 음악, 인형		
활동방법	① 6~8명 정도의 유아가 낙하산의 가장자리를 두 손으로 잡고 서로 흔들어서 물결치는 모양을 만들어 본다. – 서로의 힘 균형이 맞아야만 낙하산이 균형 있게 공기가 들어가 팽창된다. ② 음악을 듣고 낙하산을 잡고 오른쪽으로 또는 왼쪽으로 돈다. ③ 유아들이 낙하산 놀이에 익숙해질 때면 인형을 낙하산 위에 올려놓는다. ④ 낙하산을 흔들어서 인형을 위로 튀겨 보도록 한다. 이 때 인형이 낙하산 밖으로 떨어지지 않는 규칙을 만들어 놓는다. 		
유의사항	낙하산을 갖고 장난치지 않도록 주의시킨다.		

활동 5 병원놀이

<table>
<tr><td>활동목표</td><td colspan="3">• 다양한 직업의 극놀이를 통해 사회를 탐구한다.
• 다른 사람을 이해 할 수 있다.</td></tr>
<tr><td>관련 주요 실천 내용</td><td>이해심과 배려
사회의 탐구</td><td>연 령</td><td>만 3세</td></tr>
<tr><td>활동자료</td><td colspan="3">극놀이에 필요한 의상과 도구들, 붕대, 일회용 반창고, 청진기, 전등, 혈압측정기(실제 또는 모형), 목발, 빈 약병, 수술복, 마스크, 고무장갑, 간이침대, 매트, 들것</td></tr>
<tr><td>활동방법</td><td colspan="3">① 유아에게 몇 주 동안 우리가 함께 병원놀이를 위해 환자나 그들을 돕는 사람들이 있는 병원을 교실 한쪽에 마련할 것이라고 미리 말해 준다. 유아와 함께 병원은 어떤 곳이며, 병원에 여러 가지 이유로 간다는 것을 이야기한다. 가능하다면 병원에 한번 견학을 다녀와도 좋고, 아니면 병원에 대한 책을 읽어 보는 것도 좋다.
② 병원을 포함해 다른 모든 직업에 대해 생각해 보자. 종이 위에 각종 직업을 적어 본다. 유아가 흥미 있어 하는 직업을 설명하고, 직업의 특징을 말해 보도록 한다.
- 여자가 의사가 될 수 있을까?
- 남자가 간호사가 될 수 있을까?
③ 유아와 함께 병원과 관련해 의복, 천, 장난감 또는 교실에 있는 것들을 모아 본다. 그리고 유아와 집에서 이 주제에 대해 준비해 올 수 있는 낡은 목발이나 의구, 장난감 도구들, 잠깐 동안이라도 빌려 줄 수 있는 병원 기구들에 대해 이야기해 본다. 그 목록 프로젝트에 대한 소개와 함께 설명을 첨가하여 통신문으로 발송할 수 있다.
④ 주제에 대해 교구를 모으는 동안 한 번쯤은 유아가 원하는 병원을 세팅하는 방법에는 어떤 것이 있을지 이야기해 보는 것도 좋다. 교사는 병원놀이를 희망하는 유아와 소그룹으로 극놀이 영역을 준비함에 있어 교사를 도울 수 있는 유아에는 누가 있는지 물어볼 수 있다.</td></tr>
</table>

⑤ 병원놀이 영역에서 연극을 할 수 있도록 유아는 소집단 단위로 몇 주 동안 활동할 수 있는 날과 시간을 계획한다.

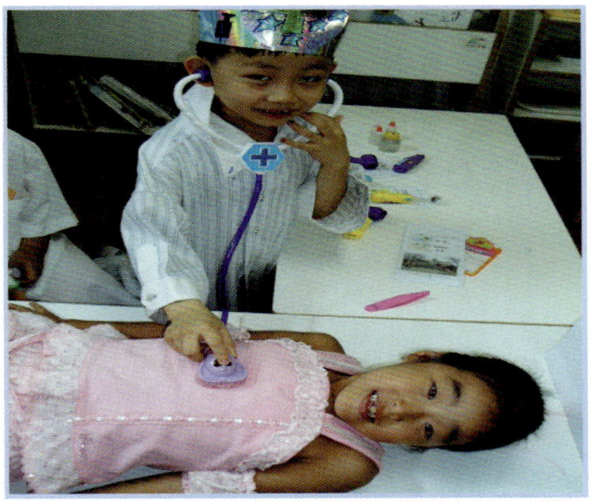

유의사항

이 활동은 협동생활에서 참여하는 방법과 다른 직업의 설명을 하는 동안 매개물에 따라 병원을 사용할 수 있다. 교사는 통합 과정을 위해 또는 교실에서 유아의 흥미에 따라 다른 주제를 끄집어 낼 수도 있을 것이다. 예를 들어, 식당놀이를 위해 음식, 테이블, 음식과 식품이 함께 있는 메뉴판을 세팅해야 할 것이며, 또는 도구나 다른 문화의 예술에 대해 통합하기 위해서 미술 작품, 보석을 파는 선물 가게 등을 설치해야 할 것이다.

활동 6 어떻게 생각할까?

활동목표	• 같은 상황에 대해 개개인이 보는 관점이 다를 수 있음을 이해한다. • 이야기 나누기를 통해 생각을 교환한다.		
관련 주요 실천 내용	이해심과 배려	연 령	만 3세
활동자료	다른 감정을 표현한 사람들의 사진, 차트 용지와 사인펜 또는 칠판과 분필		
활동방법	① 유아가 알아볼 수 있을 정도로 감정이 표현된 사람들의 얼굴 사진을 보여준다(스냅사진이나 오래된 잡지, 신문에서 오린 사진들을 이용한다). 유아와 함께 그 사람이 느끼는 것이 무엇인지 생각하고, 사람들이 왜 그렇게 느낄지 이야기해 본다. 다양한 감정을 표현한 사진들을 보고 토론한다. ② 여러 가지 다른 사진들을 비교하고 분류해 본다. 사진을 다른 방법으로 해석하고 분류해 볼 수 있도록 격려한다. 		

유의사항	① 두 사람이 감정적인 상황에 연루된 사건, 즉 엄마가 우는 아이를 안고 있는 모습이나 부모님께서 어지럽게 늘어놓은 아이의 방을 화난 표정으로 보고 있는 모습을 잡지에서 찾는다. 부모와 아이는 어지럽혀진 방에 대해 같은 감정을 갖고 있을까? 사진의 사람들을 연기해 보고 대화하는 척해 보자. 이 사람들은 서로에게 어떤 말을 하고 있을까를 이야기해 본다. ② 유아에게 크거나 작게 보이는 것들의 숫자를 이름 짓게 한다. 칠판에 두 가지 목록으로 쓴다. 유아에게 비행기 조종사와 유아의 두 가지 관점에서 두 목록을 보게 한다.

활동 7 어떤 마음일까?

활동목표	• 자신의 생각을 자연스럽게 표현한다. • 장애인의 불편함에 대해 안다.		
관련 주요 실천 내용	존중 이해심과 배려	연 령	만 3세
활동자료	여러 종류의 장애인의 그림이나 사진(정신지체, 정서장애, 시각장애, 청각장애, 지체부자유 등), 장애 인형(팔이 없는 인형, 다리가 없는 인형)		
활동방법	① 2~3명의 장애인의 사진이나 그림을 보여준다. – 어떤 사진(그림)일까? 보고 난 후 느낌이 어떠니? ② 장애 인형을 보여주며 이야기를 나눈다. – ○○야 안녕? 난 너희들과 함께 놀고 싶어. 그럼 유치원에서 우리와 함께 지내자. – ○○가 함께 지내자고 하는데 너희들 생각은 어떠니? 어떻게 할까? 왜 그렇게 생각할까? ③ 인형과 사진을 보여주며 이런 사람들을 무엇이라고 부르는지에 대해 이야기 나눈다. 		

유의사항	연관된 다른 활동을 하기 전에 장애인에 대한 유아들의 생각을 먼저 알아본다.

2. 정서 인식 능력

1) 사랑
2) 친절
3) 평화

활동 8 사랑의 저금통을 채워요

활동목표	• 나, 부모, 불쌍한 사람, 친구를 위해 할 수 있는 일이 무엇이 있는지 이야기해 보고 사랑의 저금통에 저금을 한다. • 남을 위한 저축을 할 때에 사랑과 기부의 기쁨을 경험한다.
관련 주요 실천 내용	사랑 남을 위한 봉사정신 배우기
연 령	만 3세
활동자료	저금통 4개, 삼각주사위(그림 4종류), 100원 동전(2,000원)
활동방법	① 2명의 유아가 저금통을 2개씩 나누어 갖는다. ② 100원짜리 동전을 20개 준비한다. ③ 주사위의 그림을 탐색한다.(나, 부모, 봉사 마크, 통장 등) ④ 주사위를 던져서 자기가 갖고 있는 저금통에 해당하는 그림이 나오면 100원을 넣는다. 만약 친구의 것이 나오면 친구 저금통에 넣고, 받은 친구는 "고마워"라고 말한다. ⑤ 20개의 동전이 모두 없어지면 게임이 끝난다. ⑥ 누가 더 많은 돈을 저금했는지 알아 본다. 
유의사항	돈을 관리하는 경제 개념을 유아들이 쉽게 이해할 수 있도록 알려 준다.

활동 9 사랑하는 마음을 전해요~

<table>
<tr><td>활동목표</td><td colspan="3">정서를 표현하고 그에 대응되는 욕구에 대한 반응을 상대로부터 기대할 수 있다.</td></tr>
<tr><td>관련 주요 실천 내용</td><td>존중
이해심과 배려</td><td>연 령</td><td>만 3세</td></tr>
<tr><td>활동자료</td><td colspan="3">그림책 「내가 아빠를 얼마나 사랑하는지 아세요?」(한국프뢰벨, 1997)
종이, 필기도구, '사랑' 노랫말을 적은 자료</td></tr>
<tr><td>활동방법</td><td colspan="3">1) 본 활동1
〈도 입〉
① 애정 표현의 여러 방법에 대해 이야기한다(이 활동은 아빠 참여 수업 때 적용할 수 있다).
- 오늘 누가 오셨니?
- ○○ 가 오시니 기분이 어떠니?
- 너희들 마음을 어떻게 알려드리고 싶니?
- (말, 뽀뽀하기, 안아 주기 등) ○○방법으로 알려 주었구나.
- 아버님들은 평소에 자녀에게 어떤 방법으로 좋아한다는 애정 표현을 하시나요?
- 여기 토끼가 나오는 책이 있는데 아기 토끼는 아빠 토끼에게 얼마큼 사랑하는지 알려드리고 싶었단다. 어떻게 알려주는지 같이 보자.

〈전 개〉
① 동화를 듣는다(읽어 주면서 내용이 반복되므로 맨끝에 아빠가 어떻게 대답했을지를 유아들이 예측해 볼 수도 있다).
② 동화에 따라 아기 토끼와 아빠 토끼가 사랑하는 마음을 어떻게 표현했는지 알아 본다.
③ 유아와 아빠가 서로를 사랑하는 마음을 차례로 한 명씩 돌아가며 이야기한다.
④ 이야기한 것을 글로 적고 그림으로도 그려 책으로 만들어 본다.</td></tr>
</table>

〈마무리〉

① 사랑하는 마음을 표현하고 난 후의 기분과 사랑 표현을 받은 기분에 대해 이야기 나눈다.

- 아빠에게 사랑하는 마음을 표현하고 나니 기분이 어떠니?
- 아빠로부터 어떤 것을 기대하였니?
- 너희들에게 아빠가 사랑하는 마음을 나타내 주었을 때 기분을 말해 보자.

2) 본 활동2

〈도 입〉

① 엄마를 보면 어떤 생각, 느낌이 드는지 이야기한다.

- 유치원 끝나고 엄마를 보면 너희들은 어떻게 하니?
- 엄마를 보면 어떤 생각, 어떤 느낌이 드니?
- 왜 그런 느낌이 드는 것 같니?

〈전 개〉

① 작사가의 생각을 유아에게 들려 준다.

- 이 노래를 지은 사람은 엄마를 보면 뛰어가 안기고 싶은 생각이 들었나 봐.

② 노래를 들려 준다.

- 이 노래를 들으면 어떤 이야기의 어떤 장면이 생각나니?
- 노래에 대한 느낌이 어떠니?
- 왜 그렇게 생각하니?

③ 노래를 같이 부른다.

〈마무리〉

① 노래에 익숙해지면 노랫말을 유아들이 자신의 정서를 나타내는 노랫말로 바꾸어 부른다.

	- 엄마를 보면 뛰어가 안기는 것 말고 또 어떻게 하고 싶니? - 엄마 대신 어떤 말로 바꾸면 좋을까? - 왜 그런 것 같니? - 노래를 부르고 나니 어떠니? - 노랫말을 바꾸어 부르니 어떠니?
유의사항	유아가 자신 있게 자신의 느낌을 자유롭게 표현할 수 있도록 분위기를 조성한다. '사랑' 이라는 단어의 소중함과 따뜻함을 가족, 친구들과 함께 나눠 본다.

활동 10 아기 돌보기 놀이

활동목표	사회 문화적으로 수용되는 방식으로 자신의 정서를 조절할 수 있다.		
관련 주요 실천 내용	사랑 책임감과 인내 이해심과 배려	연 령	만 3세
활동자료	아기인형(2~3개), 아기용품(우유병, 턱받침, 유모차, 부드러운 부직포로 만든 기저귀 여러 장 등)		

활동방법

〈도 입〉

① 교사는 전날 유아들에게 역할놀이 영역에 아기인형을 새롭게 첨가할 것임을 알려 주고, 아기인형을 돌봐 주려면 무엇이 필요한지에 대해 알아보고 이야기 나눈다.

- 선생님이 새로운 아기인형을 넣어 주시려고 하는데, 아기가 잘 지내려면 무엇이 필요할까?
- 아기가 쓰는 물건을 본 적이 있니?
- 역할놀이 영역을 어떻게 꾸며 주면 아기가 기분 좋게 지낼 수 있을 것 같니?
- 만약 너희가 아기라면 어떤 것을 좋아할 것 같니?

〈전 개〉

① 교사는 전날 유아들과 이야기 나눈 자료(아기인형, 아기침대, 우유병, 턱받침 등)들을 영역에 첨가하여 준다.

② 유아들은 아기를 돌봐 주는 가족(엄마, 아빠, 형님, 언니 등)들 중 하나의 역할을 정한 후, 아기를 돌봐 주는 역할놀이를 한다. 이 때 교사는 유아들이 아기를 적절하게 돌볼 수 있도록 여러 구체적 상황에 대한 자극을 제공하고, 그 때 돌보는 사람들의 기분이 어떤지, 유아의 돌봄을 받는 아기는 어떤 기분일지에 대해 상호작용한다(유아들이 좋아하는 음악

들려 주기, 딸랑이 만들어 주기, 책 읽어 주기, 유모차 태워 주기 등).

- 누가 아기를 돌봐 주고 싶니?
- 아기가 울고 있네. 아기가 지금 왜 울고 있을까?
- 오줌을 싸서 기저귀가 축축한 아기 기분은 어떨까?
- 네가 기저귀를 직접 갈아 주니 어떤 기분이 드니?
- 깨끗한 기저귀를 차게 된 아기는 지금 기분이 어떨까?
- 아기인형을 품에 안으니 기분이 어떠니?
- 너희도 엄마 품에 안겼을 때 어떤 기분이 들었니?
- 어떻게 하면 아기의 기분을 더 즐겁게 해 줄 수 있을까?
- 네가 아기 머리를 잡아당기면 아기가 어떻게 느낄까?
- 그러면 아기를 안을 때 어떻게 해 주면 좋을까?
- 배가 고파도 말도 못 하고 울기밖에 못하는 아기 기분은 어떨까?
- 너희가 아기를 돌봐 줄 만큼 큰 형님이 된 기분이 어떠니?

〈마무리〉

① 놀이를 끝낸 후 유아들과 모여 앉아 놀이하면서 재미있었던 점, 아쉬웠던 점 등에 대해 이야기 나눈다. 특히, 한정된 수의 아기인형을 너무 많은 수의 유아가 돌봐 주기를 원해 갈등이 있었던 경우, 인형을 가지고 놀지 못했던 유아의 기분에 대해 이야기 나누고 어떻게 하면 모두가 기분 좋게 놀이할 수 있는지에 대해 의논해 본다.

- 아기를 돌봐 주는 놀이를 해 보니 어땠니?
- 어떤 점이 가장 좋았니?
- 왜 속상했었니?
- 다른 친구들이 많이 놀아서 아기인형을 가지고 놀이를 못 해 본 친구는 기분이 어땠니?
- 어떻게 하면 속상하거나 화가 나는 친구가 없이 모두 즐겁게 놀이할 수 있을까?

② 다음날 의논한 방법대로 놀이해 본 후 다시 평가해 본다.

- 시간을 정해 놓고 조금씩 골고루 놀이해 보니 기분이 어땠니?
- 그래도 아기인형을 짧은 시간밖에 가지고 놀지 못해 아쉬웠구나. 그러면 어떻게 하면 좋을까?
- 기다리는 동안 어떻게 하면 지루하지 않게 순서를 기다릴 수 있을까?

유의사항

아기 돌보기라는 놀이를 통해서 타인에 대한 사랑 및 이해심과 배려심을 배우도록 지도한다.

활동 11 달팽이 기르기 및 이름 지어 주기

활동목표	문제에 직면하여 어떤 정서를 갖는 것이 그 문제 해결에 가장 적절한 정서인지를 이해하고 활용할 수 있다.		
관련 주요 실천 내용	사랑 책임감과 인내	**연 령**	만 3세
활동자료	달팽이에 관한 비디오나 책, 달팽이를 넣을 투명한 집, 나뭇가지 , 달팽이 먹이(당근, 감자, 오이 같은 야채와 달걀 껍질), 가위, 풀, 필기도구, 봉투, 상자, 폐품		
활동방법	〈도 입〉 ① 유아들과 함께 비 오는 날 달팽이를 발견하여 교실로 가져올 수 있다. 또는 주변에 산책을 나가서 나무 뿌리 근처나 풀숲, 울타리 주변 등에서 달팽이를 찾아 본다. 달팽이를 발견하면 준비한 통에 나뭇잎과 함께 넣어 가지고 교실로 돌아온다. ② 달팽이에 대한 비디오나 책을 보면서 달팽이에 대해 유아들이 아는 것에 대해 이야기하고 궁금한 것을 알아 본다. 〈전 개〉 ① 달팽이 집을 꾸미고 달팽이를 기르는 방법, 달팽이 먹이, 주의할 점 등에 대해 이야기를 나눈다. - 너희가 찾아낸 달팽이가 어떻게 생겼니? - 이 달팽이를 어떻게 했으면 좋겠니? - 어떻게 하면 잘 기를 수 있을까? - 달팽이는 무엇을 먹고 살까? - 달팽이를 잘 키우려면 어떤 마음으로 키워야 할까? ② 교사와 유아들은 달팽이에 대한 비디오와 책을 보고 달팽이 집을 만들고 먹이를 준다. 매일 달팽이에 관심을 갖고 관찰하며 먹이를 갈아 준다. ③ 달팽이를 관찰하면서 달팽이의 기분이나 달팽이를 돌보고 있을 때의 느낌에 대해 이야기를 나눈다.		

- 달팽이가 오늘은 어떤 것 같니?
- 어떻게 하면 달팽이의 기분을 좋게 해줄 수 있을까?
- 달팽이에게 먹이를 주니 너희의 기분이 어떠니?
- 달팽이가 귀여워서 자꾸 만지면 달팽이 기분이 어떨까?

〈마무리〉

① 달팽이의 이름을 유아들과 함께 지어 본다.

- 우리 교실의 달팽이가 두 마리인데 이름을 뭐라고 붙여 주면 좋을까?

② 달팽이의 이름을 적어 달팽이집 앞에 붙여 보고 유아가 달팽이의 성장과 생태에 대해 관찰한 것을 기록할 관찰일지도 제공한다.

유의사항

달팽이를 돌보아 주고 보살펴 주며 하루의 변화를 일기 형태로 쓰는 관찰일기를 통해 과학수업과 연계시켜도 좋다.

활동 12 식물을 키워요

<table>
<tr><td>활동목표</td><td colspan="3">식물을 키움으로써 식물의 성장에 대해서도 관찰할 수 있고, 사랑과 정성으로 식물을 키울 수 있다는 것을 알도록 한다.</td></tr>
<tr><td>관련 주요 실천 내용</td><td>사랑
책임감과 인내</td><td>연 령</td><td>만 3세</td></tr>
<tr><td>활동자료</td><td colspan="3">양파나 고구마 등의 뿌리 기르기, 토마토, 고추 등의 채소 기르기, 물뿌리개 등.</td></tr>
<tr><td>활동방법</td><td colspan="3">① 식목일을 맞이하여 각 반마다 배정된 식물을 유치원 화단에 씨를 뿌린다(또는 과학교육 시간을 위해 준비한 양파나 고구마를 햇빛이 드는 창가에, 물이 담겨진 컵에 넣어 놓아 둔다).
② 2명씩 당번을 정해서 아침에 등원을 한 후 우리 반이 심어 놓은 화단에 물을 주기도 하고 또 어떤 변화가 일어났는지 관찰한다.
③ 싹이 돋고 잎이 난 후에 열매가 열릴 때까지 유아는 식물을 사랑과 정성으로 돌보아야 하며, 인내심을 갖고 기다리는 자세를 갖도록 한다.
 </td></tr>
<tr><td>유의사항</td><td colspan="3">열매가 달렸을 경우 유아가 신기하다고 손으로 자주 만지면 열매가 시들어 버린다고 알려 준다.</td></tr>
</table>

활동 13 내가 도울 수 있어요!

활동목표	• 가족을 사랑하는 마음을 가진다. • 가족을 위해 도울 수 있는 일을 알고 실천할 수 있다.		
관련 주요 실천 내용	친절(도와주기)	**연 령**	만 3세
활동자료	가족 구성원 그림, 융판		
활동방법	① 가족을 위해 내가 할 수 있는 일은 무엇인지 이야기를 나눈다. - 나는 우리 가족을 위해 무엇을 할 수 있을까? - 무엇을 해야 내가 가족에게 도움이 될 수 있지? - 내가 할 수 있는 일이 무엇이 있더라? ② 한 명씩 가족 구성원 중 누구를 위해 무슨 일을 도울 수 있는지 가족 구성원 그림을 찾아 융판에 붙이고 친구들에게 이야기한다. - 부모님께 무엇을 어떻게 해드렸니? - 네가 스스로 한 거니? - 너의 마음은 어땠니? - 부모님께서는 어떻게 말씀하셨니? ③ 유아가 서로 역할을 맡아 가족 얼굴이 있는 목걸이를 걸고 부탁을 들어주는 역할극 놀이를 해본다. 		

유의사항	역할극 놀이를 할 때 실생활에서 사용될 수 있는 부탁을 유아가 할 수 있도록 한다.

활동 14 양보해요

활동목표	서로 역할을 바꾸어 활동함으로써 다른 사람의 상황을 이해하고 서로 자리를 양보할 수 있다.		
관련 주요 실천 내용	친절(양보하기) 이해심과 배려	**연 령**	만 3세
활동자료	배경판(버스 안 모습), 의자		
활동방법	① (활동 전에 버스 안 배경판과 의자를 준비해 놓는다) 유아들에게 제시하며 어떤 상황인지 알아 본다. - 교사 : 여기 어떤 것들이 보이니? - 유아 : 의자요. 버스 손잡이요. 핸들이요. 버스 같아요~ - 교사 : 맞았어요. 여긴 지금 버스 안이에요. ② 유아와 버스를 타 본 경험에 대해 이야기를 한다. ③ 버스에는 정해진 개수의 의자가 있으며, 버스를 타는 모든 사람이 앉을 수는 없다고 이야기를 한다. - 교사 : 할머니나 할아버지 또는 임산부에게는 자리를 양보해 줘야 해요. 또 아픈 친구에게도 그렇고요. 만약 양보를 해준다면 우리는 어떤 느낌일까요? ④ 유아가 나와서 직접 준비된 버스의 의자에 앉아 보고 친구에게 자리를 양보해 준다. 		
유의사항	버스 말고 또 다른 교통수단에서도 '양보'를 할 수 있다는 것을 알려준다.		

활동 15 나의 가족은 모두 몇 명일까요?

활동목표	다양한 가족 구성원이 있음을 알 수 있다.		
관련 주요 실천 내용	평화	연 령	만 3세
활동자료	유아 각자의 가족사진, 준비된 가족 인형		
활동방법	① 교사는 유아와 함께 유아가 각자 준비해 온 가족사진을 이용하여 이야기를 함께 나눈다. - 교사 : (인형을 제시하며) 얘들아 안녕~ 나는 ○○란다. 우리 가족은 할아버지, 할머니, 아빠, 엄마, 나, 여동생 이렇게 모두 같이 살고 있어. 너희들의 가족은 어떠니? 너희가 준비해 온 사진을 보고 친구들에게 소개해 줄 수 있겠니? ② 교사는 유아가 인형을 이용하여 가족을 소개할 수 있도록 유아에게 질문을 한다. ③ 모든 유아의 소개 후에 교사는 유아들이 각자 가족의 역할을 맡아 한 가족의 역할극을 할 수 있도록 추진한다.		
유의사항	유아가 가족을 소개하는 데 어려움을 보일 경우 교사가 유아의 가족사진을 함께 보면서 도움을 주도록 한다.		

3. 문제 해결 능력

1) 자신감
2) 성실과 믿음
3) 책임감과 인내
4) 정직
5) 용기

활동 16 내가 할 수 있는 일

활동목표	내가 스스로 할 수 있는 일을 알고 실천해 본다.		
관련 주요 실천 내용	자신감 책임감과 성실	연 령	만 3세
활동자료			

활동방법

〈도 입〉

- 교사 : 너희는 집에서 어떤 일들을 할 수 있을까?
- 유아 : 동생과 놀아 줄 수 있어요. 엄마 심부름을 할 수 있어요. 혼자 세수 할 수 있어요.
- 교사 : 그렇구나. 그러면 우리 그림을 보면서 이야기 나눠 보자.

〈전 개〉

"나도 할 수 있어요"를 보여주면서 이야기를 한다.

- 교사 : 위 그림을 보고 할 수 있는 것들이 무엇이 있는지 말해 보세요.
- 유아 : 화분에 물을 주어요. 청소를 해요. 혼자 이를 닦아요.

- 교사 : 친구들에게 내가 할 수 있는 것들이 무엇이 있는지 몸으로 표현 할 수 있나요?
- 유아 : 네(몸으로 표현해 본다).
- 교사 : 그 외 혼자 할 수 있는 일은 어떤 것이 있을까?
- 유아 : 친구와 놀 수 있어요. 그림을 그릴 수 있어요. 노래를 부를 수 있어요.
- 교사 : 내가 할 수 있는 일들이 너무나도 많구나.

〈마무리〉
- 교사 : 오늘은 무엇에 대해 알아 보았나요?
- 유아 : 내가 할 수 있는 일들에 대해 알아 보았어요.
- 교사 : 맞아요. 그림에 나와 있는 것뿐만 아니라 할 수 있는 일들을 찾아 실천해 보세요.
- 유아 : 네.

유의사항

- 동작표현을 말보다 신체로 표현해 보는 데 주안점을 둔다.
- 이 때 '내 손으로 척척' 노래에 맞춰 음률활동을 해도 좋다.

활동 17 내 도시락은?

활동목표	자기 물건을 스스로 정리하는 습관을 기르도록 한다.		
관련 주요 실천 내용	성실(스스로 하기)	연 령	만 3세
활동자료	책상(2개), 비밀주머니, 유아들이 사용하는 가방, 도시락통 등		
활동방법	① 비밀주머니에 도시락통을 넣어 제시한다. - 교사 : 이 주머니 안에는 무엇이 들어 있을까? ② 도시락을 사용하는 방법에 대하여 이야기 나눈다. - 교사 : 도시락통은 언제 사용하는 걸까? 숟가락과 젓가락은 어디에 두어야 할까? 식사한 후 도시락통은 어떻게 해야 할까? 누가 정리를 해야 할까? ③ 유아들과 함께 도시락통을 꺼내어 놓고 다시 정리해서 가방에 넣는 연습을 해 본다. ④ 게임을 할 수 있도록 양 편으로 나누어 서로 마주보고 앉는다. ⑤ 게임의 규칙에 대해 이야기한다. - 교사 : 책상 위에는 너희들의 도시락통이 있단다. 자신의 도시락 가방을 갖고 뛰어가서 책상 위에 있는 도시락통을 가방에 넣고 먼저 돌아오는 편이 이기는 거야. ⑥ 게임의 방법에 따라 게임을 실시한다.		

유의사항 게임에서 진 팀을 이긴 팀이 격려해 주도록 한다.

활동 18 송편 빚기(일을 정성들여 끝까지 하기)

<table>
<tr><td>활동목표</td><td colspan="3">• 쌀로 떡을 만들 수 있음을 안다.
• 송편은 추석에 먹는 음식임을 안다.</td></tr>
<tr><td>관련 주요 실천 내용</td><td>성실함
전통문화 이해하기</td><td>연 령</td><td>만 3세</td></tr>
<tr><td>활동자료</td><td colspan="3">요리 순서표, 쌀반죽, 속(깨, 콩), 숟가락, 개인접시, 위생장갑, 찜기</td></tr>
<tr><td>활동방법</td><td colspan="3">〈도 입〉
① 우리나라를 대표하는 음식은 무엇인지 이야기해 본다.
• 김치, 송편, 쌀밥, 부침개, 떡 등
② 송편을 먹어 본 경험을 자유롭게 이야기 나눈다.
- 교사 : 맛은 어땠니?
어디서 먹었니?

〈전 개〉
① 요리 순서표를 보며 이야기한다.
② 요리에 필요한 재료를 탐색한다.
- 교사 : 쌀반죽은 어떻게 만들었을까?
만지면 무슨 느낌이 나니?
③ 앞치마와 머릿수건, 위생장갑을 착용한다.
④ 쌀반죽에 동그랗게 굴려서 손가락으로 구멍을 낸다.
⑤ 숟가락으로 속을 넣고 보이지 않게 손으로 잘 다듬는다.
⑥ 찜기에 송편을 찐다.
- 교사 : 송편은 과연 어떻게 변할까?

〈마무리〉
① 완성된 송편을 먹으며 달라진 점에 대해 이야기한다.
- 교사 : 찌기 전 송편과 무엇이 달라졌니?
어떤 맛이 나니?</td></tr>
</table>

② 우리나라 고유의 음식의 맛을 느낀다.

유의사항 송편을 먹었을 때 이로운 점에 대해 이야기한다.

활동 19 모두 제자리에

활동목표	자유시간에 또는 놀이 후 자신이 갖고 놀았던 장난감들을 스스로 정리 정돈하는 법을 배운다.		
관련 주요 실천 내용	책임감과 협동심 청결	연 령	만 3세
활동자료	'모두 제자리' 동요 반주		
활동방법	① 유아들이 놀이 후 자신이 어지럽혀 놓은 주변 정리를 하도록 유아들에게 인지시킨다. ② 교사는 '모두 제자리' 라는 동요 연주를 해주어 유아가 정리 정돈도 흥미롭게 할 수 있다는 것을 알게 한다. ③ 함께 놀았을 경우 한 명의 유아도 빠짐 없이 같이 정리하도록 지도한다. 		
유의사항	• 스스로 정리 정돈을 하는 습관을 기를 수 있도록 지도한다. • 자신의 정리가 끝나면 친구를 도와 함께 정리할 수도 있다.		

활동 20 이야기 꾸미기

활동목표	• 잘못을 인정하고 사과하는 태도를 기른다. • 자신의 생각을 언어로 표현할 수 있다.		
관련 주요 실천 내용	정직	연 령	만 3세
활동자료	그림 자료		
활동방법	① 언어활동 영역에 자료를 준비한다. ② 유아와 함께 그려져 있는 그림을 보고 어떤 그림인지 이야기한다. – 곰순이는 쌓기 영역에 친구가 블록으로 만들어 놓은 장난감을 갖고 놀고 싶었어. 그런데 그 장난감 앞에는 "만지지 마시오, 곰돌이가" 라고 쓰여 있었지. – 마지막 그림은 곰순이가 울고 있고, 장난감 블록은 부서져 있어요. ③ 중간에 '어떤 일이 있었을까?' 하고 생각해 보게 한 후 유아 자신의 생각을 말하도록 분위기를 조성한다. – 곰순이가 장난감을 만졌던 걸까? – 왜 그렇게 생각하니? – 곰순이가 장난감을 만져서 부서뜨린 거라면 곰순이는 친구 곰돌이에게 어떻게 해야 하겠니? – 곰순이가 장난감을 만지지 않았을까? – 왜 그렇게 생각하니? – 곰순이가 장난감을 만지지 않았는데 부서진 거라면 곰순이는 어떻게 해야 할까? ④ 유아가 이야기 꾸미기를 어려워하는 경우에는 교사가 시작을 말해 주거나 끝을 마무리해 주어서 유아가 이야기 꾸미기를 완성하도록 도와준다.		

유의사항	모든 유아들의 의견이 반영될 수 있도록 교사는 유아의 말에 주의를 기울이도록 한다.

활동 21 이건 누가 쓰지?

<table>
<tr><td>활동목표</td><td colspan="3">• 자기 물건과 남의 물건, 공동의 물건을 구분해야 함을 안다.
• 게임 규칙을 알고 지킬 수 있다.</td></tr>
<tr><td>관련 주요 실천 내용</td><td>정직(자기 물건과 남의 물건 구별하기)</td><td>연 령</td><td>만 3세</td></tr>
<tr><td>활동자료</td><td colspan="3">수저, 크레파스, 가위, 풀, 칫솔, 한 사람 그림, 여러 사람 그림, 신호음 등</td></tr>
<tr><td>활동방법</td><td colspan="3">① 양편으로 나누어 앉는다.
② 양편의 수를 확인한 후 응원을 한다.
③ 혼자 사용해야 하며 남의 것을 쓰면 안 되는 물건, 함께 사용해도 되는 물건이 있음을 알려 준다.
– 교사 : 이 칫솔은 누구의 것이니?
이건 같이 사용해도 될까?
이 풀은 누구의 것이니?
이건 같이 사용해도 될까?
④ 게임의 이름과 방법을 소개한다.
– 교사가 한 사람 그림을 들면 나 혼자 사용하는 물건을 들고 오고 여러 사람 그림을 들면 함께 사용하는 물건을 들고 온다.
양편 중에 먼저 들고 오는 편이 게임에서 승리하는 방법이다.
⑤ 시범 게임을 한 후 게임 방법이나 규칙에 대하여 이야기한다.
– 교사 : 한 사람 사진을 보고 함께 사용하는 물건을 들고 오면 우리 어떻게 할까?
⑥ 게임을 한 후 평가를 한다.
– 교사 : 혼자 사용해야 하는 물건과 함께 사용할 수 있는 물건에 대해 잘 알았니? 어느 편이 규칙을 잘 지켰다고 생각하니?</td></tr>
</table>

유의사항

- 게임에 졌다고 기분 상해 하고 친구들에게 화를 내지 않도록 한다.
- 정해진 규칙을 어기지 않도록 한다.

활동 22 저는 용기 있어요!

<table>
<tr><td>활동목표</td><td colspan="3">잘못된 행동에 대해 정직하게 말할 수 있는 용기를 가진다.</td></tr>
<tr><td>관련 주요 실천 내용</td><td>용기</td><td>연 령</td><td>만 3세</td></tr>
<tr><td>활동자료</td><td colspan="3">융판 그림 자료(돼지, 고양이, 병아리, 토끼), 장난감 그림</td></tr>
<tr><td>활동방법</td><td colspan="3">[동화 들려 주기, 동극 활동을 통한 방법]
① 손유희를 통해 유아의 주의를 집중시킨다.
② 동화 제목을 소개하고, 융판동화를 들려 준다.
</td></tr>
<tr><td>유의사항</td><td colspan="3">유아들이 '용기' 라는 개념을 잘 이해할 수 있는 동화나 동극을 선정해서 들려 준다.</td></tr>
</table>

활동 23 장애물 통과하기

<table>
<tr><td>활동목표</td><td colspan="3">어려운 상황에서도 잘 해결해 갈 수 있는 용기를 심어 준다.</td></tr>
<tr><td>관련 주요 실천 내용</td><td>용기(도전심)</td><td>연 령</td><td>만 4세</td></tr>
<tr><td>활동자료</td><td colspan="3">자전거, (유아용) 헬멧, 보호대, 장애물들</td></tr>
<tr><td>활동방법</td><td colspan="3">① 장애물들을 양쪽으로 일정한 거리를 두고 세워 둔다.
② 두 조를 나눠서 먼저 장애물을 넘어뜨리지 않고 도착하는 조가 승리하는 게임 형식으로 진행된다.</td></tr>
<tr><td>유의사항</td><td colspan="3">게임시작 전에 유아들에게 자전거를 탈 때의 주의사항을 알려 주고, 유아용 헬멧이나 보호대를 꼭 착용시킨다.</td></tr>
</table>

4. 기타 활동

1) 전통문화

2) 경제

3) 기본 생활 습관
   - 예절, 질서

4) 다문화
   - 세계 여러 나라의 전통춤

활동 24 우리 가락을 느껴요~

<table>
<tr><td>활동목표</td><td colspan="3">우리나라 민속음악에 흥미와 관심을 갖는다.</td></tr>
<tr><td>관련 주요 실천 내용</td><td>전통문화 이해하기</td><td>연 령</td><td>만 3세</td></tr>
<tr><td>활동자료</td><td colspan="3">'아리랑', '노들강변' 등과 같은 한국민요 녹음곡 또는 음반
장구, 소고, 피리, 징, 북, 꽹과리 등과 같은 민속악기</td></tr>
<tr><td>활동방법</td><td colspan="3">〈도 입〉
① 장구, 소고, 피리, 징, 북, 꽹과리 등의 악기를 교실에 전시한다.
② 악기의 이름을 소개한다.
- 교사 : 이 악기의 이름은 무엇일까?
③ 악기의 모양을 관찰하도록 돕는다.
- 교사 : 무엇처럼 생겼니?
이 악기를 본 적 있니?
④ 각 악기의 소리를 들어 본다.

〈전 개〉
① '아리랑', '노들강변' 등의 한국민요를 듣는다.
② 들은 후 느낌을 이야기해 본다.
- 교사 : 이런 곡을 들어 본 적이 있니?
어디서 들었니?
느낌은 어때?</td></tr>
</table>

③ '사물놀이', '농악리듬' 등의 음악을 듣는다.

④ 음악을 들으며 자유롭게 신체로 표현해 본다.

- 교사 : 몸을 어떻게 움직이면 좋을까?

〈마무리〉

① 느낌을 이야기 나눈다.

- 교사 : 우리나라 음악을 들으면 어떤 느낌이 드니?
  무엇이 머릿속에 떠오르니?

② 음악을 다시 들으며 그림으로 표현해 본다.

유의사항

- 우리나라 전통문화에 대해 배우고 그 소중함을 느끼며, 세계 속에서 우리나라에 대한 자부심을 갖도록 하기.
- 확대하여 세계 여러 나라의 문화에 대한 소중함 알기.

활동 25 탈 만들기

활동목표	세계 여러 나라의 다양한 탈 혹은 가면을 안다.		
관련 주요 실천 내용	세계 여러 나라 문화의 소중함을 이해하기	연 령	만 3세
활동자료	세계 여러 나라 탈 사진, 작업순서도, 지점토, 모루, 빵줄, 털실, 색종이, 단추, 병뚜껑, 풀, 가위, 본드, 고무줄, 펀치 등.		
활동방법	〈도 입〉 ① 탈에 대해 알고 있는 지식을 이야기 나눠 본다. - 교사 : 탈을 본 적이 있니? - 유아 : 마당놀이에서 봤어요. ② 탈을 만들기 위한 여러 가지 재료들(모루, 빵줄, 털실, 색종이, 단추, 병뚜껑 등)을 탐색한다. 〈전 개〉 ① 여러 가지 탈 그림을 보고 이야기를 나눈다. ② 탈이 의미하는 것을 이야기 나누어 본다. ③ 탈을 만드는 방법에 대해 알아 본다. - 교사 : 무엇을 가지고 만들 수 있을까? 어떻게 만들 수 있을까? ④ 여러 재료들을 이용하여 탈을 만들어 본다. 〈마무리〉 ① 자신이 만든 탈에 대해 무엇을 표현한 것인지, 함께 써보고 친구들 앞에서 소개한다.		

유의사항 본드는 면봉을 이용하여 바르고, 교실을 환기시킨다.

활동 26 연 만들기

<table>
<tr><td>활동목표</td><td colspan="3">연의 구조를 이해하고 만들어 볼 수 있다.
연을 만들어 봄으로써 우리의 전통문화를 가까이 체험해 본다.</td></tr>
<tr><td>관련 주요 실천 내용</td><td>전통문화 이해하기</td><td>연 령</td><td>만 5세</td></tr>
<tr><td>활동자료</td><td colspan="3">연 만드는 순서판, 창호지, 살대, 색연필, 테이프, 실, 가위</td></tr>
<tr><td>활동방법</td><td colspan="3">① 연 만드는 순서판을 유아들에게 제시한다.
② 연 만드는 순서에 대해 이야기 나눈다.
③ 필요한 재료를 나누어 준다.
④ 창호지에 내가 그리고 싶은 그림을 그린다.
⑤ 그림을 그린 창호지 뒷면에 대나무 살을 붙인다.
⑥ 꼬리를 붙인다.
⑦ 실을 맨다.

</td></tr>
<tr><td>유의사항</td><td colspan="3">• 대나무 살로 친구를 찌르거나 장난을 치지 않도록 주의한다.
• 실을 맬 때는 교사가 도와준다.
• 대나무 살을 부러뜨리지 않도록 유의한다.</td></tr>
</table>

활동 27 가게놀이

활동목표	• 각 가게에 어울리는 상품을 전시하도록 해 본다. • 내가 사고 싶은 물건을 결정하여 구매하고 가격을 읽음으로써 수에 관심을 갖고 합계를 낼 수 있다.		
관련 주요 실천 내용	경제	연 령	만 3세
활동자료	가게판(문방구, 과일가게, 생선가게, 가구점, 장난감가게) 가게에 전시할 상품들, 장바구니, 1000비즈 5개, 100비즈 25개, 숫자카드		
활동방법	① 교구를 탐색 후 가게들을 나열한다. ② 가게에 전시할 상품들을 꺼내 이름과 가격을 말하고, 알맞은 가게에 분류하여 붙여 본다(스티커의 색과 가게 간판의 색이 일치). ③ 비즈 쟁반과 숫자 카드를 나열한다. ④ 내가 사고 싶은 물건을 5가지만 장바구니에 담는다. ⑤ 장바구니에서 물건을 꺼내며 물건의 이름과 가격을 워크지에 쓴다. ⑥ 물건의 가격에 맞게 비즈를 가지고 온 후 같은 단위의 비즈끼리 모아 세어 본다. ⑦ 각 단위별로 비즈에 해당하는 카드를 가지고 온 후 합계를 낸다. ⑧ 모두 합한 금액이 얼마인지 읽어 보고 워크지에 합계를 쓴다. 		

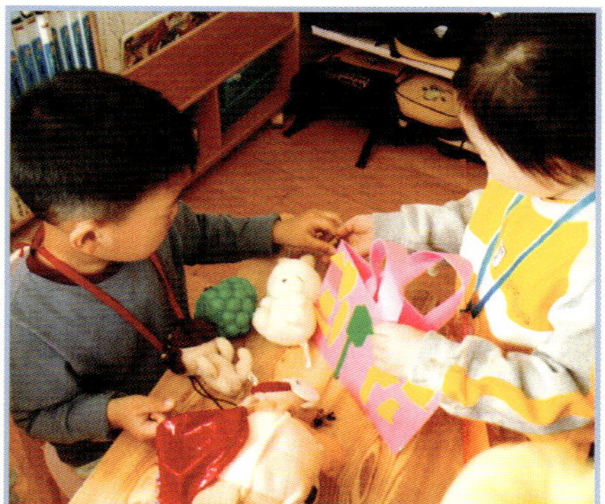

유의사항 가게 견학 후 전개하며, 여러 날로 계획하여 실시하도록 한다.

활동 28 용돈기입장 만들기

활동목표	화폐의 개념을 알고 아껴 쓰는 절약정신을 배운다.		
관련 주요 실천 내용	경제 책임감과 인내	연 령	만 4세
활동자료	용돈기입장, 연필, 도장, 스티커		
활동방법	① 유아들에게 용돈기입장에 쓰여 있는 용어들(예를 들어, 들어간 돈, 나간 돈, 총 금액 등)을 유아가 잘 이해할 수 있도록 설명한다. ② 용돈기입장에 용돈을 받은 날짜와 금액을 기입하는 법을 알려 주고, 용돈을 사용한 후도 나간 돈에 대해 기입하는 습관을 기른다. ③ 유아로 하여금 스스로 자신이 사고 싶었던 물건을 성취하게 되면 '참 잘했어요' 도장이나 스티커를 붙이게 한다. ④ 한 달이 된 후에 자신의 용돈기입장을 어떻게 사용했는지 등을 친구들에게 소개한다. 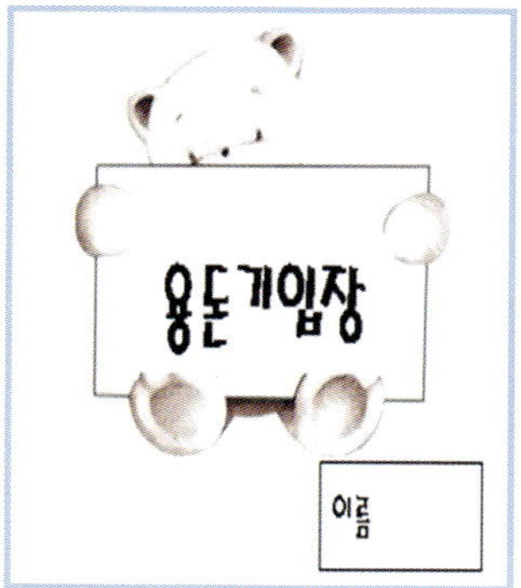		
유의사항	• 용돈기입장을 꾸준히 사용할 수 있는 습관을 기른다. • 돈의 경제성 및 돈의 낭비, 절약 등의 경제개념을 잘 이해하도록 한다.		

활동 29 돈을 모아 물건을 사요.

<table>
<tr><th>활동목표</th><td colspan="3">사고 싶은 자신의 욕구를 조절해야만 자신이 원하는 물건을 살 수 있다는 것을 알게 된다.</td></tr>
<tr><th>관련 주요
실천 내용</th><td>경제
인내심</td><th>연 령</th><td>만 3세</td></tr>
<tr><th>활동자료</th><td colspan="3">자신이 모은 돈, 종이, 필기도구, 수첩, 얼굴 표정이 있는 스티커</td></tr>
<tr><th>활동방법</th><td colspan="3">① 자신이 모은 돈을 갖고 무엇을 살지에 대해 이야기를 나눈다.
- 교사 : 돈을 얼마 정도 모았니?
이 모은 돈으로 무엇을 사려고 하니?
② 사고 싶은 물건의 가격 및 어디에 필요한 것인지, 어떻게 사용할 수 있는지를 자세히 조사해 본다.
③ 수첩에 사고 싶은 물건과 꼭 필요한 물건을 나눠 적어 본다.
④ 각 물건을 샀을 때 벌어진 일에 대해 한번 생각해 보고 거기에 맞는 얼굴 표정 스티커를 붙인다.
- 꼭 필요한 물건에는 웃는 모양의 스티커를 사고 싶은 물건에는 찡그린 모양의 스티커를 붙인다.
⑤ 웃는 스티커가 많이 붙어 있는 물건을 사기로 하고 자신의 선택을 친구들 앞에서 이야기한다.
 </td></tr>
<tr><th>유의사항</th><td colspan="3">• 이 활동의 시작 전에 미리 돈을 조금씩 모아 놓으라고 알려 둔다.</td></tr>
</table>

활동 30 부채가 더 좋아요

활동목표	더운 여름을 시원하게 보낼 수 있고, 절약하는 법을 배운다.		
관련 주요 실천 내용	절약	연 령	만 3세
활동자료	코팅지, 가위, 떠먹는 요구르트 숟가락 2개, 매직, 글루건		

활동방법

〈도 입〉

① 더운 여름에 필요한 물건에 대해 이야기 나눈다.

- 교사 : 더운 여름을 시원하게 보내기 위해서는 무엇이 필요할까?
- 유아 : 에어컨, 선풍기, 부채요.

② 에어컨과 선풍기를 너무 오래 사용하면 어떻게 될지 이야기해 븐다. 함께 전기를 아끼고 절약하는 법에 대해서도 이야기 나눈다.

- 교사 : 에어컨과 선풍기를 너무 오래 사용하면 어떻게 될까?
- 유아 : 감기에 걸려요.
  돈이 비싸요.
- 교사 : 그럼 에어컨과 선풍기를 대신하여 무엇을 사용하면 더 좋을까?

〈전 개〉

① 부채 만들기의 재료를 소개하고 흥미를 유발한다.

② 유아들과 부채를 만든다.

- 코팅지를 가위로 동그랗게 오린다.
- 동그랗게 오린 코팅지에 매직으로 자유롭게 꾸민다.
- 글루건으로 요구르트 숟가락 2개를 코팅지에 마주 보게 붙인다.
- 마를 때까지 기다린다.

〈마무리〉

① 자신이 만든 부채를 이용하여 서로 부쳐 주기 활동을 한다.

유의사항 부채를 갖고 다른 친구에게 장난을 치지 않는다.

활동 31 전기를 아껴 쓰자

활동목표	전기를 아껴 쓰는 방법을 알고 실천한다.		
관련 주요 실천 내용	절약	연 령	만 3세
활동자료	전기를 이용하는 제품사진, 모든 전기기구를 한꺼번에 사용하는 그림, 과열되어 폭발하는 사진		
활동방법	〈도 입〉 ① 정전이 된 상황에 대하여 이야기한다. – 교사 : 우리를 편리하게 해 주는 전기를 모두 사용할 수 없게 되면 어떻게 될까? 갑자기 집안의 모든 전기가 사라진다면 어떻게 될까? ② 정전을 경험했을 때를 이야기해 본다. – 교사 : 정전이 되었을 때 어떤 느낌이었니? 어떤 점이 불편했니? ③ 정전이 왜 일어나는지 토의해 본다. – 전기를 한꺼번에 많이 사용하거나, 고장이거나, 공사중일 때 〈전 개〉 ① 우리 생활에서 전기를 사용하는 것에는 무엇이 있는지 그림자료를 보며 알아 본다. – 선풍기, 전구, 냉장고, 세탁기, 텔레비전, 라디오, 청소기 등 ② 전기를 아껴 쓰려면 어떻게 해야 하는지에 대해 이야기 나눈다. – 텔레비전 안 볼 때 끄기, 아무도 없는 방이나 화장실의 불 끄기 – 냉장고 문 자주 열지 않기, 에어컨 사용을 줄이고 선풍기 또는 부채 사용하기, 플러그 여러 개 꽂지 않기, 플러그 빼놓기 등		

	〈마무리〉 ① 가정과 연계하여 실천할 수 있도록 실천표를 가정으로 보내어 활동 하도록 한다. (매일마다 전기를 아껴 쓰는 방법을 실천하여 실천표에 표시한다) ② 가족회의를 통해 전기를 아낄 수 있는 방법에 대해 조사해 본다. - 교사 : 전기를 아껴 쓰니 어떠니? 전기를 아낄 수 있는 다른 방법은 또 없을까?
유의사항	전기에 관련된 실험을 할 때 안전사고에 각별히 유의해야 한다.

활동 32 손님 맞이하기

활동목표	웃어른에게 공손하게 인사하는 태도를 기른다.		
관련 주요 실천 내용	예절	연 령	만 3세
활동자료	유아용 한복		
활동방법	① 추석과 같은 명절 때 집에 손님이 오시면 어떻게 인사하는지 이야기 해 본다. - ○○는 집에 할머니, 할아버지께서 오시면 어떻게 인사하니? ② 유아들이 자신의 경험을 행동으로 나타내 볼 수 있도록 한다. - 인사를 하면 어른들께서 어떤 말씀을 하시니? ③ 유아들의 의견에 따라 역할을 정한다. - ○○는 어떤 역할을 해보고 싶니? ④ 정해진 역할에 따라 어울리는 옷을 직접 입고 놀이를 해본다. - 할머니 역할을 맡은 ○○가 부르면 □□는 어떻게 대답하겠니? ⑤ 인사를 할 때 공손한 태도로 인사할 수 있도록 격려한다. 		
유의사항	평상시에도 공손한 태도를 유아가 가질 수 있도록 지도한다.		

활동 33 세배하기

활동목표	• 세배와 덕담의 의미가 무엇인지 안다. • 우리 고유의 명절에 대해 알아 본다.		
관련 주요 실천 내용	예절	연 령	만 3세
활동자료	사진자료 (남, 여 평절 순서)		
활동방법	① 설날에 세배해 본 경험에 대해 이야기를 나눈다. ② 우리나라 인사법인 절에 대해 이야기 나눈다. – 교사 : 절은 어떻게 하는 것일까요? ③ 남, 여 평절 순서 사진자료를 보여주며 앉아서 하는 평절을 배운다. – 교사 : 절을 어떻게 하는지 선생님이 먼저 시범을 보일게요. 선생님처럼 친구들도 나와 친구들 앞에서 시범을 보여 볼까요? ④ 유아끼리 역할을 정해서 세배하기 역할놀이를 해본다. 		
유의사항	남자 유아가 절을 할 때는 왼손이 위로 올라가게 하고, 여자 유아가 절을 할 때는 오른쪽 손이 위로 올라가게 한다.		

활동 34 화장실 사용법

활동목표	• 올바른 화장실 사용법을 안다. • 차례를 지켜 화장실을 사용할 수 있다.		
관련 주요 실천 내용	질서	연 령	만 3세
활동자료	시청각 자료, 융판		
활동방법	〈도 입〉 ① 화장실을 다녀와서 해야 할 일에 대해서 이야기를 나눈다. – 교사 : 손을 왜 씻어야 할까? 어디에 가서 손을 씻을까? 화장실은 손을 씻을 때에도 가지만 또 어떤 때에 갈까? 화장실은 유치원 어디에 있을까? 〈전 개〉 ① 교사가 소그룹의 유아들을 화장실로 안내하고 사용하는 모습을 보여 주며 지도한다. – 수세식에서 대 · 소변을 씻어내릴 때 – 화장지 사용하기 – 손을 씻을 때 ② 노크하는 일과 줄을 서서 차례를 지켜야 함을 안다. – 교사 : 화장실에 들어가기 전에 무엇을 해야 할까? 화장실에 들어가고 싶은 사람이 많을 때는 어떻게 해야 할까? 〈마무리〉 ① 다음날 시청각 자료를 준비하여 전날 배우고 경험했던 것을 반복하여 이야기해 본다. ② 그룹별로 나누어 유아들이 스스로 화장실을 다녀오게 지도한다.		

유의사항

- 유아가 긴장하여 실수할 수 있다.
- 급한 친구가 있을 때 양보할 수 있음을 이야기해 본다.

활동 35 급식시간

<table>
<tr><td>활동목표</td><td colspan="3">올바른 식생활 습관을 갖는다.</td></tr>
<tr><td>관련 주요 실천 내용</td><td>질서</td><td>연 령</td><td>만 3세</td></tr>
<tr><td>활동자료</td><td colspan="3">당번 뱃지, 식기 소독기(식판, 국그릇, 수저), 급식대, 보조책상, 음식 찌꺼기통, 빈바구니</td></tr>
<tr><td>활동방법</td><td colspan="3">① 교사는 급식대와 보조책상에 음식을 준비한다.
• 급식대 맨위– 반찬 3종류
• 중간– 빈바구니
• 아래– 앞치마, 머리 수건
• 보조책상– 밥, 국
② 당번이 식탁 준비와 급식 받을 준비가 된 분단을 불러 준다.
③ 식기 소독기에서 급식판, 국그릇, 수저를 가지고 온다.
④ 급식대에서 먹을 만큼의 반찬과 밥을 담는다(국은 뜨거우므로 교사가 떠 준다).
⑤ 급식을 받고 “감사합니다.” 인사말을 한다.
⑥ 제자리에 가서 반 친구들이 다 받을 때까지 기다린다.
⑦ 당번이 나와서 ‘감사의 기도’를 친구들과 함께 한다.
⑧ 유아들이 “선생님 먼저 드셔요”라고 말을 하면, 교사는 “맛있게 먹어라.”하고 대답을 해 준다.
⑨ 유아들은 “잘 먹겠습니다.”라는 말과 더불어 “친구야 맛있게 먹어.”라고 인사를 하고 즐겁게 식사를 한다(더 먹고 싶은 유아는 앞의 급식대로 나와 직접 가져간다).
⑩ 다 먹으면 급식대로 가져와 정리한다.
• 먼저 국그릇을 정리한 후 바구니 옆의 공간에 포개 놓는다.
• 숟가락으로 급식판에 남은 음식물을 맨 위에 준비된 찌꺼기통에 넣는다.</td></tr>
</table>

- 급식판은 바구니 속에 포개 놓는다.
- 수저는 맨 위에 준비된 쟁반에 정리한다.

⑪ "잘 먹었습니다." 인사말을 한 후 이를 닦는다.

유의사항 유아들이 차례를 지켜 급식을 배식 받도록 지도한다.

활동 36 세계 여러 나라의 전통 춤

<table>
<tr><td>활동목표</td><td colspan="3">• 세계에는 우리나라뿐 아니라 다른 나라도 있음을 안다.
• 우리나라 문화뿐 아니라 다른 문화 또한 소중히 여기며 받아들일 수 있다.
• 우리나라 문화뿐 아니라 다른 나라 문화에 대해서도 친근감을 가진다.</td></tr>
<tr><td>관련 주요 실천 내용</td><td>다문화 이해하기
전통</td><td>연 령</td><td>만 3세</td></tr>
<tr><td>활동자료</td><td colspan="3">한지, 술, 도화지, 가위, 풀 , 끈, 색종이 기타 등</td></tr>
<tr><td>활동방법</td><td colspan="3">① 유아에게 세계 각국의 춤에 대한 동영상이나 비디오를 보여주고 흥미를 북돋아 준다.
② 세계 여러 나라의 전통의상을 유아와 함께 직접 만들어 본다.
③ 의상 제작 후에 의상을 입고 각국의 전통음악에 맞춰서 춤을 춰 본다.

</td></tr>
<tr><td>유의사항</td><td colspan="3">우리나라가 소중한 만큼 세계 여러 나라도 소중함을 이해한다.</td></tr>
</table>

5. 기타 활동 계획안

내 자리를 찾아주세요

인성교육덕목 청결(정리정돈 잘하기)

활 동 유 형 자유선택활동 / 조작

활 동 목 표
- 물건마다 제자리가 있음을 안다.
- 정리정돈의 습관을 기른다.

교육과정 관련요소

- 탐구생활 : 창의적 탐구 – 주변 상황에 관심을 가지고 탐색하기

활 동 자 료 유치원 영역의 장면판, 장면에 놓여진 놀잇감 그림, 손인형

활동내용 및 방법

1. (손인형을 이용하여) 교실의 장면판을 보며 이야기 나눈다.
   - 어! 여기가 어디니? 놀잇감이 참 많구나. 내가 여기에 있는 놀잇감을 하나씩 떼어 볼테니까 너희들이 이름을 말해 볼 수 있겠니?
2. 겉면에 있는 그림에서 놀잇감의 그림을 하나씩 빼면서 놀잇감의 이름을 말해 본다.
   - 떼어낸 놀잇감을 다시 제자리에 놓아 줄 수 있겠니?
3. 펼쳐서 나오는 장면에 있는 그림자에 알맞은 놀잇감 그림을 찾아서 그림자 위에 올려놓는다.
4. 활동이 끝난 후에는 놀잇감 그림을 제자리에 정리한다.

참고자료

얼굴 표정으로 말해요

인성교육덕목	절제(감정 조절하기)
활 동 유 형	대집단활동 / 이야기 나누기
활 동 목 표	자신의 감정을 알맞게 조절하여 표현하는 습관을 기른다.

교육과정 관련요소

• 사회생활 : 집단생활 – 다른 사람을 이해하고 존중하기

활 동 자 료	감정을 나타내는 그림(4장)

활동내용 및 방법

1. 그림 카드를 보며 이야기 나눈다.
   - 이 친구는 어떤 표정을 하고 있니?
   - 왜 이런 표정을 하고 있을까?
2. 그림 카드를 한 장씩 차례로 보여주며 그림에 나타난 표정과 똑같은 표정을 지어 보게 한다.
   - 그림 카드와 똑같은 표정을 지어 보도록 하자.
   - 집에 가기 전에 너희들이 유치원에서 지낸 기분이 어떠했는지 이 그림 카드로 보여줄 수 있겠지?
3. 유치원 활동이 끝난 후 집에 돌아가기 전 자신의 감정을 표현한 카드를 집어 보도록 한다.
   - 희진이는 오늘 기분이 어땠니?
   - 여기 그림 카드 중에서 너희 기분을 골라 줄 수 있겠니?

참고자료

〈화났을 때〉 〈놀랐을 때〉 〈슬퍼할 때〉 〈즐거울 때〉

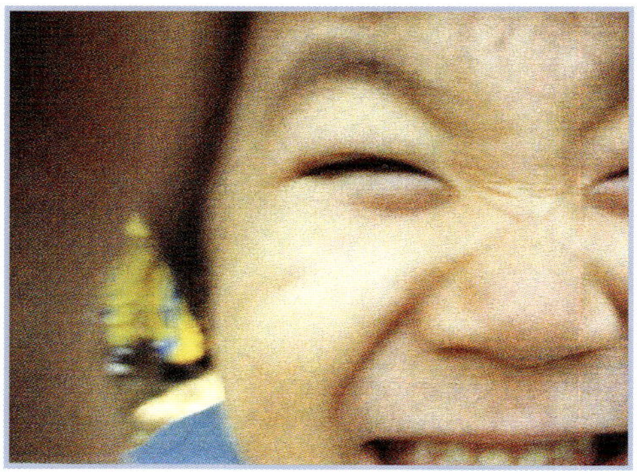

예의바른 친구

인성교육덕목	예절(친구와 정다운 태도로 인사하기)
활 동 유 형	대집단 활동 / 이야기 나누기
활 동 목 표	• 인사를 하는 태도를 기른다. • 상황에 따라 적절한 인사말을 할 수 있다.

교육과정 관련요소

• 사회생활 : 기본생활습관 – 예절 바르게 생활하기
집단생활 – 다른 사람을 이해하고 존중하기

• 언어생활 : 말하기 – 경험 · 생각 · 느낌 말하기
– 상황에 맞게 말하기

활 동 자 료	여러 가지 인사하는 상황의 그림 카드(4장)

활동내용 및 방법

1. 그림 카드를 차례대로 제시하며 어떤 상황인지 알아 본다.
   - 무엇을 하는 그림인 것 같니?
   - 친구와 이렇게 해 본 적이 있니?
2. 각 상황에서 기분이 어떤지 이야기를 해 본다.
   - 친구와 만났을 때 기분이 어땠니?
   - 친구의 기분은 어땠을까?
   - 친구가 놀잇감을 나눠 줬을 때는 기분이 어땠니?
3. 상황에 따라 다른 인사말을 알아 본다.
   - 그래서 친구와 만났을 때 뭐라고 인사했었니?
   - 친구가 놀잇감을 나눠 줬을 때는 어떤 말을 하면 좋을까?

4. 인사의 필요성을 알아 본다.
   - 친구가 나를 만나서 인사말을 했을 때 기분이 어땠니?
   - 친구가 나에게 부딪혔을 때 아무 말도 하지 않으면 내 기분은 어떨까?
5. 유아들이 직접 인사를 해 보는 시간을 갖는다.
   - 상황극처럼 역할을 정해 인사를 해 보거나, 다함께 같은 인사말을 해 볼 수도 있다.

확 장 활 동

• 그림 카드를 코팅하여 언어 영역에 제시하면, 유아들이 상황극처럼 그림에 맞는 인사말을 해 볼 수 있다.

참 고 자 료

〈친구와 만났을 때〉

〈친구가 놀잇감을 나눠 줬을 때〉

〈친구가 정리를 도와줬을 때〉

〈친구와 부딪혔을 때〉

친구를 화나게 하지 않아요

인성교육덕목 절제(감정 조절하기)

활 동 유 형 대집단활동 / 이야기 나누기

활 동 목 표
- 자신의 감정을 조절할 수 있다.
- 친구와 싸우지 않고 지낸다.

교육과정 관련요소

- 건강생활 : 건강 – 즐겁게 생활하기
- 사회생활 : 기본생활습관 – 예절 바르게 생활하기
  개인생활 – 감정과 욕구 조절하기
  집단생활 – 다른 사람을 이해하고 존중하기
- 언어생활 : 듣 기 – 낱말과 문장을 듣고 이해하기
  말하기 – 경험 · 생각 · 느낌 말하기
  – 상황에 맞게 말하기
  – 바른 태도로 말하기

활 동 자 료 친구를 화나게 하는 상황의 그림 자료(4컷)

활동내용 및 방법

1. 동시 '웃는 얼굴'을 읊어 주며 도입한다.
2. 찡그리고 있는 얼굴 표정을 보며 이야기를 나눈다.
   – 이 친구 얼굴을 보니 지금 기분이 어떤 것 같니?
   – 너희들도 이 친구 같은 기분이었던 적이 있니?
   – 누가 너희들을 그렇게 화나게 했었니?

3. 친구를 화나게 하는 상황의 그림 자료를 차례로 보면서 어떤 상황인지 이야기를 나눈다.
   - 친구들의 놀이를 방해하는 그림
   - 친구를 때리는 그림
   - 선생님께 이르는 그림
   - 친구의 블록을 부수는 그림
4. 왜 친구가 화나게 되었는지 이유를 알아 본다.
   - 친구에게 말로 하지 않고 때렸어요. 방해하면 안 되는데 노는 걸 방해했어요. 지나갈 때 조심하지 않아서 블록을 넘어뜨렸어요.
5. 친구를 화나게 하지 않으려면 어떻게 하는 것이 좋을지 생각해 보고 말해 본다.
   - 그럼 친구가 나를 화나게 하면 어떻게 하는 것이 좋을까? (참고 말로 해요.)
   - 친구가 노는 곳을 지나갈 때는 어떻게 해야 할까? (조심해서 지나가요.)
   - 선생님께 말씀드리기 전에 어떻게 하는 것이 좋을까? (친구한테 먼저 말해 봐요.)
6. 그림을 보면서 인형으로 극화해 본다.

참고자료

〈친구들의 놀이를 방해하는 그림〉

〈친구를 때리는 그림〉

〈선생님께 이르는 그림〉

〈친구의 블록을 부수는 그림〉

나는야 바른 아이

인성교육덕목 예절(다른 사람 방해하지 않기)

활 동 유 형 대집단활동 / 동시

활 동 목 표
- 올바른 식사 예절을 알고 지킨다.
- 다른 사람을 방해하지 않는다.

교육과정 관련요소

- 사회생활 : 기본생활습관 – 예절 바르게 생활하기
  개인생활 – 감정과 욕구 조절하기
- 건강생활 : 건 강 – 바른 식생활하기
- 언어생활 : 듣 기 – 동화 · 동요 · 동시 듣기
  – 이야기를 듣고 이해하기
  말하기 – 경험 · 생각 · 느낌 말하기

활 동 자 료 동시 자료, 책상, 의자

활동내용 및 방법

1. 동시를 들려 준다.
2. 올바른 식사 예절에 대해 이야기 나눈다.
   - 식사할 때의 바른 자세는 어떻게 하는 것일까?
     책상을 준비하고 유아가 나와서 식사할 때의 바른 자세를 보여준다.
   - 바른 자세로 식사하는 친구의 모습을 보니까 어떤 마음이 드니?
   - 밥 먹을 때 다른 사람을 방해하거나 장난을 치거나 소리를 내면 어떻겠니?
   - 돌아다니면서 밥을 먹으면 어떻게 될까?

- 식사하기 전 우리가 할 수 있는 일은 무엇이 있을까?
- 식사하고 난 후 우리가 할 수 있는 일은 무엇이 있을까?

3. 동시를 들려 준다.
4. 동시를 읽고 난 후의 유아들의 느낌에 대해서 이야기 나눈다.
5. 올바른 식사 예절에 대해 생각하며 동시를 듣는다.

참고자료

나는야 바른 아이

김영희

나는야 바른 아이
밥 먹을 때 보면 알지요.

밥 먹을 때는 바른 자세
어른이 드신 후 먹고요
바르게 앉아서 먹어요.

나는야 바른 아이
밥 먹을 때 보면 알지요.

밥 먹을 때는 조심조심
엄마의 상차림도 도와드리고
옆 사람을 방해하지 않고 먹어요.

나는야 나는야
바른 아이
밥 먹을 때 보면 알지요.

맛있게 먹어요

인성교육덕목	절제(음식을 적절히 먹기)
활 동 유 형	대집단활동 / 동시
활 동 목 표	동시를 즐겨 들으며, 음식을 적절히 먹는 습관을 기른다.

교육과정 관련요소

- 언어생활 : 듣기 – 동화 · 동요 · 동시 듣기
- 건강생활 : 건강 – 바른 식생활하기

활 동 자 료	동시판, 그림 카드

활동내용 및 방법

1. 그림 카드를 동시판에 붙이면서 동시를 들려 준다.
2. 먹어 본 음식에 대하여 이야기한다.
   - 이런 음식들을 먹어 보았니?
   - 어떤 맛이니?
   - 어떤 음식을 제일 좋아하니?
   - 싫어하는 음식도 있니?
   - 좋아하는 음식만 먹으면 어떻게 될까?
3. 음식을 골고루 적절히 먹어야 함을 이야기하고 다른 음식들로 바꾸어 동시를 읽어 본다.

참 고 자 료

맛있게 먹어요

신미식

맛있게 먹어요.
시금치, 생선, 오이, 계란

어느 것
제일 맛있냐구?

모두 모두 맛있어
정말 맛있어

어서 한번 먹어 봐.
정말 정말 맛있어.

시금치

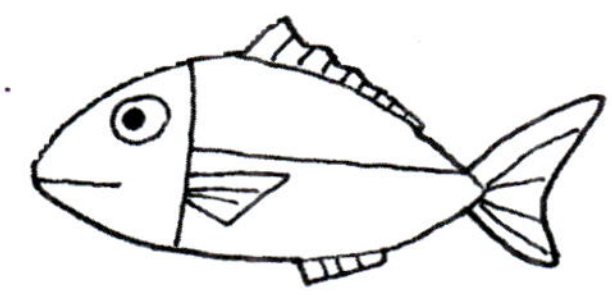

생선

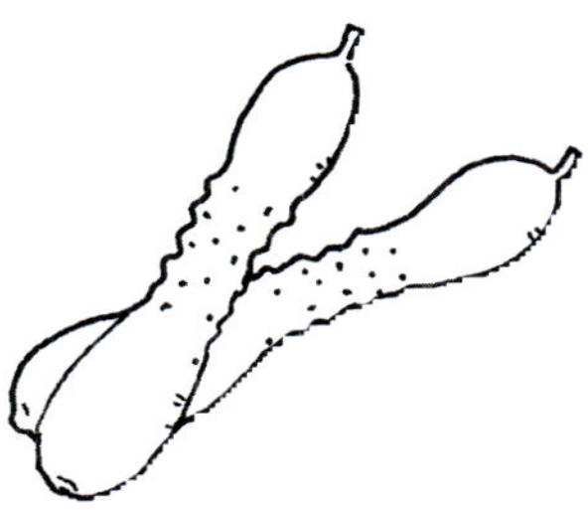

오이

계란

줄을 서요

인성교육덕목	질서(줄을 잘 서기)
활 동 유 형	대집단활동 / 게임
활 동 목 표	버스를 기다릴 때, 줄을 서는 습관을 기른다.

교육과정 관련요소

- 사회생활 : 기본생활습관 – 질서 지켜 생활하기
- 건강생활 : 기본운동능력 – 이동 운동 하기
  안전 – 교통안전 규칙 지키기

활 동 자 료	버스 그림(2개). 신호악기, 점수판, 발자국(6개)

활동내용 및 방법

1. 버스 그림을 보며 버스를 기다릴 때, 탈 때 어떻게 해야 하는지 이야기 나눈다.
   - 버스를 기다릴 때/탈 때는 어떻게 해야 할까?
2. 게임을 소개한다.
   - 이 버스 그림 앞에서 줄을 바르게 서 보는 게임을 하자.
3. 활동방법을 소개한다.
   ① 유아를 두 팀으로 나눈다.
   ② 버스 그림 앞에 유아들이 줄을 설 수 있도록 발자국을 붙여 둔다.
   ③ 각 팀을 세 명씩 나누어 버스 앞까지 걸어가서 바르게 줄을 서고 돌아온다.
4. 즐겁게 게임한다.
5. 게임 후 평가한다.

- 버스 앞에서 줄을 서 보니까 어떠했니?
- 줄을 서지 않는다면 버스를 잘 탈 수 있을까?
- 앞으로 버스를 탈 때는 어떻게 해야 할까?

참 고 자 료

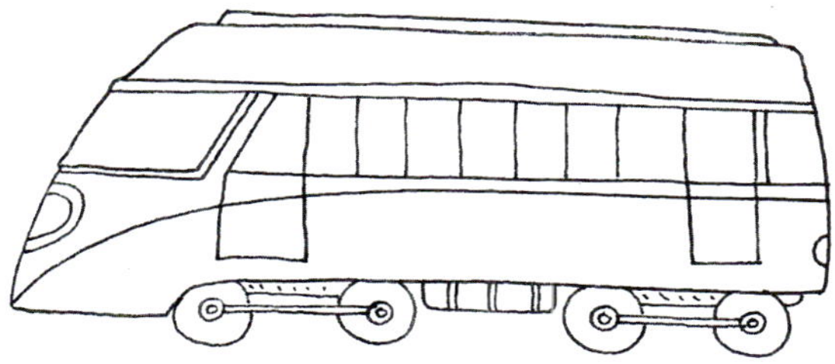

참을 수 있죠

인성교육덕목	절제(감정 조절하기)
활 동 유 형	대집단활동 / 음악
활 동 목 표	• 차 안에서 떠들고 싶은 마음을 참고 조용히 하는 습관을 기른다. • 즐겁게 노래한다.

교육과정 관련요소

• 사회생활 : 집단생활 – 공공규칙을 이해하고 지키기
개인생활 – 감정과 욕구 조절하기

• 표현생활 : 탐색 – 소리 탐색하기
표현 – 노래 부르기

활 동 자 료	막대인형, 노랫말

활동내용 및 방법

1. 막대인형을 이용하여 노랫말을 소개한다.
   - 내 이름은 삐삐야.
     내가 어제 엄마랑 지하철을 탔는데, 지하철 안에서 뛰어다니고 소리 지르는 아이들을 봤어. 그 아이들은 굉장히 미워 보였어. 그래서 난 이제 지하철이나 버스 안에서는 뛰지도 않고, 조용히 이야기하기로 약속했어. 너희들은 어때?
2. 노래를 배운다.
   - 교사가 노래를 들려 준다.
   - 멜로디만 듣고 한 가지 소리로 따라해 본다.

- 노랫말을 익힌다.
- 다 같이 불러 본다.
- 노랫말을 달리 해서 불러 본다.

참고자료

▶참을 수 있죠

김지영

서로 사과해요

인성교육덕목 정직(잘못은 인정하고 사과하기)

활 동 유 형 대집단활동 / 이야기 나누기

활 동 목 표 자신의 잘못을 인정하고 적절한 말로 이야기할 수 있다.

교육과정 관련요소

- 언어생활 : 듣 기 – 이야기 듣고 이해하기
  말하기 – 낱말과 문장을 말하기
- 개인생활 – 감정과 욕구 조절하기

활 동 자 료 그림 자료(버스 안에서, 자전거를 타는 모습, 지하철 안에서), 글자 카드(미안해, 죄송합니다), 스틱인형

활동내용 및 방법

1. 첫 번째 그림을 제시하며 유아들에게 간단히 이야기를 들려 준다.
   - 유치원 버스 안에서 자리에 앉으려고 지나가다가, 앉아 있는 친구를 가방으로 쳤어요. 아마 맞은 아이는 속상했을 거예요. 어떻게 말해야 할까요?
   - '미안해' (카드)를 보여주며 같이 따라 읽도록 한다.
   - 친구가 미안하다고 사과하면 어떻게 말할까? (괜찮아)
2. 자전거를 타다가 앞의 친구를 밀어 넘어뜨리는 그림을 제시한다.
   - 어떻게 말해야 할까요? – 미안해 / 괜찮아(유아들과 스틱인형을 움직이며 반복해서 말해 본다.)
3. 지하철 안에서 옆 사람의 발을 밟았을 때 어떻게 말해야 할까요?
   - 죄송합니다(카드)를 보여주며 같이 따라 읽도록 한다.

4. 잘못을 했을 경우 “미안해, 미안합니다, 죄송합니다”란 말을 적절히 사용하도록 반복해서 말해 보도록 한다(유아가 앞에 나와서 스틱인형을 들고 말을 해 본다 / 미안해, 괜찮아, 괜찮습니다).

참 고 자 료

〈그림 자료〉

버스 안에서

자전거를 타다가

지하철 안에서

〈글자 카드〉

미 안 해	죄 송 합 니 다

모두 함께 깨끗이

인성교육덕목	질서(규칙을 잘 지키기)
활 동 유 형	대집단활동 / 음악
활 동 목 표	• 여러 가지 탈것에 따른 약속이 있음을 안다. • 여러 가지 약속 중 쓰레기를 버리지 않을 수 있다.

교육과정 관련요소

• 사회생활 : 기본생활습관 – 질서 지켜 생활하기

개인생활 – 감정과 욕구 조절하기

집단생활 – 공공규칙을 이해하고 지키기

• 언어생활 : 듣기 – 동화 · 동요 · 동시 듣기

활 동 자 료	노랫말 판, 교통기관 그림

활동내용 및 방법

1. 먼저 교통기관 그림 자료를 제시하고, 유아들의 경험을 묻는다.
   - 너희들은 ○○ 교통기관을 이용해 본 적 있니?
   - 우리들이 지켜야 할 약속은 어떤 것이 있을까?
2. 이야기 나눈 것을 바탕으로 지켜야 할 약속이 있음을 알고, '지켜요' 동요를 들어 본다.
   - 선생님과 '깨끗한 생활' 노래를 들어보자.

- 어떤 내용인지 가사를 읽어 보자.

(버스 안의 쓰레기들을 아무 데나 버리지 않고,
기차 속의 쓰레기들도 아무 데나 버리지 않네.
깨끗해진 모습 보면 기분도 상쾌해지고
모두 함께 깨끗이 하면 모두모두 즐거워지네.)

3. 유아들이 함께 여러 번 반복하여 읽어 보고, 부분을 나누어 교사가 읽고, 유아가 읽어 보게 하여 익히도록 지도한다.
4. 유아들에게 익혀지면, 유아들과 함께 노래를 불러 본다.

참 고 자 료

▶모두 함께 깨끗이

전진희

즐거운 김밥 말기

인성교육덕목
• 협동(협력 잘 하기)
• 성실(스스로 하기, 일을 정성들여 끝까지 하기)

활 동 유 형 대집단 활동 / 새 노래

활 동 목 표
• 요리를 하면서 친구들과 협동하는 마음을 갖는다.
• 일을 정성들여 끝까지 하는 태도를 기른다.
• 김밥에 들어가는 여러 가지 재료에 대해 관심을 갖는다.

교육과정 관련요소
• 사회생활 : 집단생활 – 두레의 소중함을 알고 협력하기
• 언어생활 : 듣기 – 동시 · 동화 · 동요 듣기
• 탐구생활 : 과학적 탐구 – 물체와 물질 탐색하기

활 동 자 료 김밥 재료, 노랫말 자료

활동내용 및 방법

1. 유아들과 김밥 요리시간 전에 여러 가지 김밥 재료를 보면서 이야기를 나눈다.
   - 오늘은 선생님과 함께 맛있는 김밥을 만들어 보도록 할 거야.
   - 너희들은 김밥을 만드는 데 어떤 재료들이 들어간다고 생각하니?
   - 선생님이 여기 김밥에 필요한 여러 가지 재료들을 준비해 왔단다. 어떤 재료들이 있는지 살펴보도록 하자.
2. 김밥에 관해서 재미있는 노래를 지어 왔다고 이야기하고 교사가 먼저 노래를 처음부터 끝까지 불러 준다.

3. 유아들에게 노래를 들은 느낌에 대해 물어 본다.

4. 노래를 다양한 방법으로 익혀 본다. (부분으로 익히기)

5. 노래를 전체적으로 한두 번 불러 본다.

6. 노래를 익힌 다음 요리활동으로 확장시켜 요리를 해 보는 경험을 갖는다.

참고자료

▶ 즐거운 김밥 말기

신원경

무슨 생각을 하고 있을까?

생 활 주 제	나와 유치원
활 동 목 표	같은 상황에서 개개인이 보는 관점이 서로 다를 수 있음을 안다.
핵 심 요 소	서로의 관점이 다를 수 있음을 이해하기
활 동 자 료	같은 반 친구들의 다양한 모습과 움직임이 담긴 사진, 도화지, 색연필, 풀, 가위

활 동 방 법

1. 사진 속에 나타난 친구의 얼굴 표정, 자세 등을 자세히 살펴본다.
2. 사진 속의 친구와 똑같은 모습을 만들어 보며 무슨 생각을 하고 있을까 상상해 본다.
   - 사진 속의 이 친구는 왜 그런 모습을 하고 있을까?
   - 무슨 생각을 하고 있는 것 같니?
3. 각자의 생각을 그림으로 표현하여 사진 옆에 함께 붙인다.
4. 전시된 그림을 함께 감상한다.
   (다르게 표현된 그림을 보며 생각이 서로 다를 수 있음을 안다.)

관련 확장 활동

- 자유선택활동 시간에 개별적으로 사진을 보며 각자의 생각을 글과 그림으로 표현하도록 하며, 각 유아들이 표현한 것들을 함께 묶어 책으로 내줄 수 있다.

- 자신이 그린 그림을 보여 주며 사진 속의 친구가 되어 말해 보는 활동을 진행할 수 있다.
  - 사진 속의 친구가 어떤 말을 하고 있는 것 같니?

사랑의 사슬

생활주제	나와 유치원
활동목표	다른 사람을 이해하고, 또래의 신체적, 사회적, 지적 특성에 대해서 안다.
핵심요소	다른 사람의 관심과 장점 알기
활동자료	하트 모양의 종이, 상자, 집게, 긴 줄, 이름 카드

활동방법

1. 유아 각자 하트 모양의 종이에 이름을 적고 상자에 담는다.
2. 상자에 있는 이름을 하나씩 뽑아서, 누구에 대해 생각할 것인지 정한다.
3. 자신이 뽑은 친구의 장점, 본받고 싶은 점, 특성 등을 생각한다.
   - 너희들이 뽑은 친구에 대해 잠깐 생각해 보자. 그 친구를 보면서 친구의 좋은 점, 본받고 싶은 점들을 마음속으로 생각해 보는 거야.
4. 자기가 뽑은 이름 카드를 긴 줄에 집게로 집고, 그 친구에 대해 이야기한다.
   - 내가 뽑은 친구의 이름은 ○○입니다.
   - ○○은 바깥 놀이를 참 신나게 해요.
   - ○○은 만들기를 참 좋아해요.
5. 릴레이식으로 자신이 뽑은 친구의 장점을 이야기한다.
   - 그럼 다음에는 칭찬 받은 ○○가 이야기해 보자.
6. 교사는 유아가 이야기한 내용을 적어서 해당 유아의 이름 밑에 연결하여 전시한다.

관련 확장 활동

- 사랑의 나무 만들기 – 사슬을 만드는 대신, 교실 벽에 나무 모양을 만들고, 잎 모양 종이를 준비해서 유아가 생각날 때마다 칭찬하고 싶은 유아와 그 내용을 적어 붙이면서 나무를 완성한다.
- 슬라이드로 찍은 유아 사진을 함께 보면서, 그 유아에 대해 이야기한 것을 녹음해서 들려 준다.

교실 모형 만들기

생활주제	나와 유치원
활동목표	교실에서 이루어질 수 있는 여러 상황들을 재현해 보면서, 의사소통능력을 신장시킨다.
핵심요소	대화 기술 익히기, 계획과 조직 · 협동 배우기
활동자료	우드락으로 만든 교실 모형 틀, 유아 사진, 여러 가지 미술 재료(우드락, 나무막대, 점토, 철사, 상자, 수수깡 등)

활동방법

1. 우드락으로 만든 교실 틀을 보여주면서 만들어 보고 싶은 교실에 대해 이야기 나눈다.
   - 어떤 모양의 교실을 만들고 싶니?
   - 교실에 무엇이 있었으면 좋겠니?
     - 볼풀장이 있었으면 좋겠어요.
     - 저는 수영장이요.
     - 과자집도 있었으면 좋겠어요.
2. 교실에 있었으면 하는 것들을 여러 미술 재료를 사용해 만든다.
   - 과자집은 무엇으로 만들면 좋겠니?
     - 진짜 과자로 만들어요.
   - 여기 준비된 자료들 중에서 볼풀장을 만들기에 적당한 자료를 찾아 보자.
3. 유아의 사진을 나무막대에 붙여 막대인형을 만든다.
4. 우드락으로 만들 교실 틀에 유아가 각자 만든 것을 적절한 위치에 배치한다.

5. 완성된 교실 모형을 다른 친구들에게 소개한다.

관련 확장 활동

- 완성된 교실 모형과 막대인형을 언어영역에 제시해 주어 유아들끼리 자료를 조작해 보면서 다양한 이야기를 꾸며 보도록 한다.

느낌의 바퀴

생 활 주 제	건강한 몸과 마음
활 동 목 표	여러 가지 느낌을 탐색하고 이해한다.
핵 심 요 소	감정 표현 방법 인식하기
활 동 자 료	느낌의 바퀴, 종이, 필기도구, 다양한 모습과 표정의 잡지 사진 자료나 그림

활 동 방 법

1. '느낌의 바퀴'를 소개한다.
   - 이 바퀴에 있는 각각의 칸에는 서로 같은 느낌이 드는 것끼리 놓을 수 있단다.
2. 여러 가지 느낌을 나타내는 잡지 사진, 그림 등을 자세히 살펴보며 이야기 나눈다.
   - 이 사진을 보면 어떤 느낌이 드니?
   - 여기 있는 사진들 중에서 비슷한 느낌이 드는 것끼리 모아 바퀴의 같은 칸에 놓아 보자.
3. 느낌의 바퀴에 모여진 사진 자료를 보며 생각나는 단어를 이야기한다.
   (교사는 유아가 표현한 느낌들을 종이에 적어 사진과 함께 느낌의 바퀴에 전시한다.)
4. 각자 관심 있는 느낌별로 모여 탐색조를 구성한다.
5. 전시된 자료 이외에 생활 주변에서 같은 느낌을 얻을 수 있는 구체물들을 찾아 본다.
6. 조별로 탐색한 것을 느낌의 바퀴 안에 전시한 후 친구들에게 발표한다.

관련 확장 활동

- 여러 가지 감정이 잘 나타난 동화를 들려 준 후 동화의 이야기에서 나온 느낌을 이야기해 본다(참조 : 목마 할아버지, 내 친구 다락 도깨비, 짝눈이 말, 백화점에서, 얼룩별[한국행동 과학연구소, 1989]).
- 유아의 느낌을 말로 표현하게 하거나 몸짓, 표정 등으로 표현해 볼 수 있다.
- 유아가 표현한 느낌을 적은 단어 카드들을 모아서 느낌 단어장을 만들어 볼 수 있다(불쌍한, 신나는, 좋은, 재미있는, 심심한, 두려운, 슬픈, 울고 싶은, 무서운, 화난, 신기한, 행복한, 놀란, 어리둥절한, 으스스한. 창피한, 떨리는, 용감한, 씩씩한, 시끄러운, 기쁜, 배부른, 고마운, 웃긴, 더운, 추운, 싫은, 나쁜, 어지러운, 하늘을 나는).

해님 달님

생활주제	지구와 환경
활동목표	거짓과 진실에 따른 결과의 차이에 대해 안다.
핵심요소	감정과 욕구 조절하기
활동자료	동화('해님 달님'), 동극용 소품(치마저고리, 굵은 밧줄, 해, 달, 호랑이 가면)

활동방법

1. 동화 '해님 달님'을 들려 준다.
2. 동극에 필요한 무대장치, 필요한 소품, 배역을 정한다.
3. 동화 내용에 따라 공연을 한다.
4. 동극이 끝난 후 등장인물이 되어 본 느낌을 이야기하고 평가한다.
5. 동화 내용을 회상하며 거짓말을 하는 상황에 대해 이야기 나눈다.
   - 호랑이가 왜 계속해서 엄마라고 속이려 했을까?
   - 오누이는 왜 거짓말을 했을까?
   - 호랑이가 오누이에게 나무 위로 올라오는 방법을 물었을 때 어떻게 해야 할까?

'해님 달님'

옛날옛날 어느 산 속에 어머니와 오누이가 살고 있었어요. 어느 날, 어머니가 아랫마을 잔칫집에 일을 도와주러 가시게 되었어요.

"얘들아, 아랫마을 잔칫집에 갔다올게. 혹시 호랑이가 나타날지도 모르니 밖에는 나가지 말고 문 꼭 잠그고 놀아라."

"네, 엄마 걱정하지 마세요. 동생은 제가 잘 데리고 놀게요."

"엄마, 빨리 와요. 오빠랑 숨바꼭질 하고 놀고 있을게요."

"그래, 재미있게 놀고 있거라."

어머니는 마을로 내려가 온종일 잔치일을 돕고 해가 져서 돌아오게 되었습니다. 그런데 고개를 막 넘으려는데 호랑이 한 마리가 나타났어요.

호랑이는 "어흥! 어흥!" 하며 어머니를 그만 잡아 먹고 말았어요.

"이젠 아이들을 잡아먹으러 가자."

호랑이는 어머니의 치마와 저고리를 입고 머리에는 수건까지 썼어요. 그러니깐 꼭 엄마 같겠죠.

"얘들아, 문 열어라. 엄마가 돌아왔단다."

호랑이는 어머니의 목소리를 흉내내어 말했어요. 오누이는 목소리가 이상해서 문구멍으로 밖을 내다보았어요. 그랬더니 밖에는 어머니의 옷을 입은 호랑이가 서 있는 것이 아니겠어요!

"어머, 큰일났다. 빨리 도망가자."

"오빠, 무서워. 어떻게 해?"

"내 손을 꼭잡고 따라와. 이리로."

오누이는 뒷문으로 살짝 빠져나가서 쏜살같이 나무 위로 올라갔어요.

그것을 본 호랑이는 "얘들아, 너희들 어떻게 그 나무 위로 올라갔니?" 하고 물었어요.

"응, 기름을 바르고 올라왔지." 하고 오빠가 대답을 해 주었어요.

기름을 바른 호랑이는 미끄러워서 나무에 오를 수 없었어요.

"얘들아, 너희들 어떻게 그 나무 위로 올라갔니?"

"응, 도끼로 찍으면서 올라왔지."

철없는 동생이 그만 일러 주고 말았어요. 호랑이는 동생이 일러 준 대로 도끼를 찍으면서 나무 위로 올라오기 시작했어요.

"이를 어쩌지? 하나님, 제발 우리 오누이를 살려 주세요."

오누이는 하나님께 두 손 모아 간절히 빌었습니다. 그러자 하늘에서 굵은 밧줄이 내려왔습니다. 오누이는 그 밧줄을 타고 하늘나라로 높이 올라갔어요. 그것을 본 호랑이도 "하나님, 저에게도 굵은 밧줄을 내려 주세요." 하고 빌었으나 썩은 밧줄을 내려 주어서 올라가다 떨어져 죽고 말았답니다. 하늘로 올라간 오누이는 동생은 하늘의 해가 되고 오빠는 달이 되었답니다.

마법의 상자(이야기 나누기)

생활주제	지구와 환경
활동목표	주변에서 위험한 물건이나 상황을 발견하고, 해결책을 함께 찾아 본다.
핵심요소	계획과 조직 협동 배우기, 공동의 목적을 위해 일하기
활동자료	겉을 장식한 상자, 종이, 그림도구

활동방법

1. 마법의 상자를 소개한다.
   - 우리 주변에서 위험하다고 생각되는 일들을 찾아 종이에 그림을 그리거나 적어서 이 상자에 담은 후에 꺼내서 함께 해결해 보는 상자란다.
2. 상자를 놓을 자리를 정하고, 상자와 작은 종이 · 필기도구를 한 곳에 배치한다.
3. 교실을 둘러보며 위험한 상황이나 물건들을 살펴보고, 작은 종이에 그림이나 글로 기록하여 상자에 담는다.
4. 함께 모여 앉아 마법의 상자 안에 들어 있는 문제상황이 무엇인지 알아보고 해결 방법에 대해 이야기 나눈다.

• 문에 손을 찧은 것을 그린 그림이구나. 어떻게 하면 다시는 손을 찧지 않을까?
  - 문을 열어 놓아요. 문이 움직이지 않게 해요.

• 콘센트를 그린 그림이구나. 이건 어떻게 하면 위험하지 않을까?
  - 구멍을 막아 놓아요. '위험' 표시를 만들어서 붙여요.

관련 확장 활동

- 상자에 이름을 붙이고, 여러 미술 재료를 이용해 꾸며 본다.
- '위험' 표시를 여러 장 복사하여 가정으로 가져가서 부모와 함께 위험한 곳을 찾아 보면서 표시를 붙여 보는 활동을 할 수 있다.

무순과 콩나물

활 동 목 표	무순과 콩나물의 생김새를 비교 · 관찰할 수 있으며, 성장 과정의 차이를 알 수 있다.
관찰 추정 기간	5~6월
활 동 자 료	무순 씨, 콩나물 콩, 스티로폼 용기, 콩나물 배양기, 물
사 전 준 비	무순과 콩나물 콩을 어떻게 키워야 할지 이야기 나눈다.

활 동 방 법

1차 활동 – 씨앗 심기

1. 무순 씨와 콩나물 콩의 생김새를 관찰한다.

2. 무순 씨와 콩나물 콩의 씨를 각각의 활동지에 붙여 보여 어떻게 자랄지 상상해 본다.

3. 스티로폼 용기와 콩나물 배양기에 각각의 씨앗을 적당히 넣게 한다.

4. 물을 주고 햇빛이 잘 드는 곳에 둔다.

2차 활동 – 싹이 났어요.

1. 어떻게 변했는지 살펴본다.
2. 무순과 콩나물 콩의 싹이 어떻게 다르게 났는지 이야기 나누어 본다.
3. 무순과 콩나물 콩의 싹이 났을 때의 모양을 그려 보게 한다.

3차 활동 – 다 자랐어요.

1. 무순과 콩나물이 다 자랐을 때를 관찰하고 성장 과정의 차이점에 대해서 이야기 나눈다.

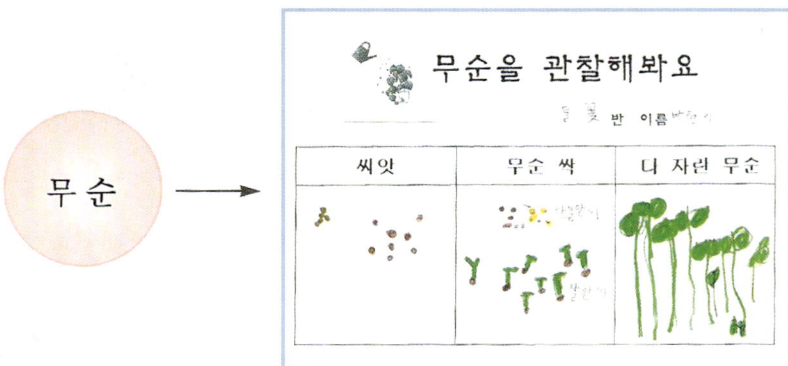

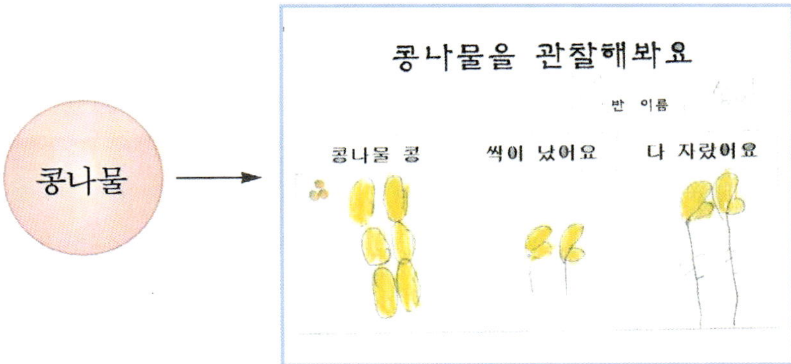

2. 활동지에 다 자란 각각의 식물을 비교해서 그린다.

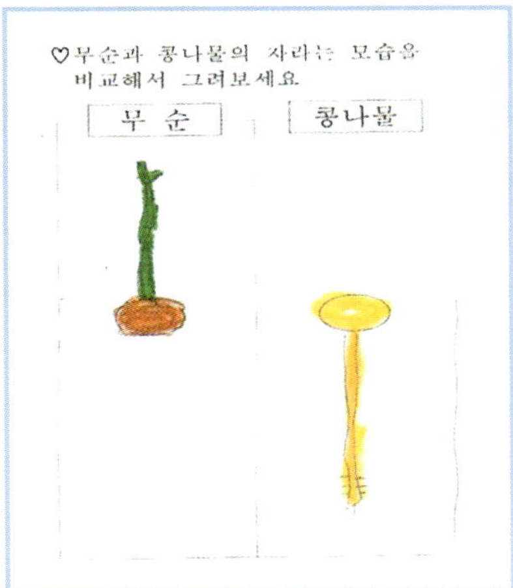

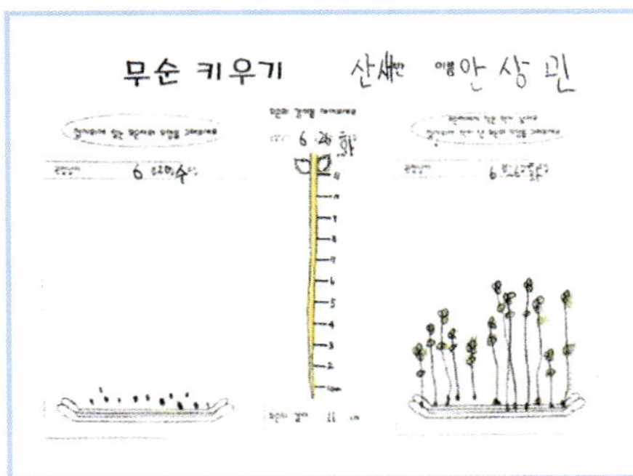

3. 무순과 콩나물의 공통점을 이야기 나눈다(수경재배).

4차 활동 – 요리

1. 무순과 콩나물을 가지고 할 수 있는 요리에 대해서 이야기 나눈다.

   – 무순 콩나물 무침

2. 요리에 필요한 준비물과 어떻게 할 것인지 이야기 나눈다.

   – 준비물 : 무순, 콩나물, 소금, 참기름, 접시, 냄비, 가스레인지, 젓가락,
   큰 그릇

- 2조로 나누어서 각각 콩나물과 무순을 다듬을 수 있도록 한다.

3. 요리를 한다.

4. 활동지를 한다.

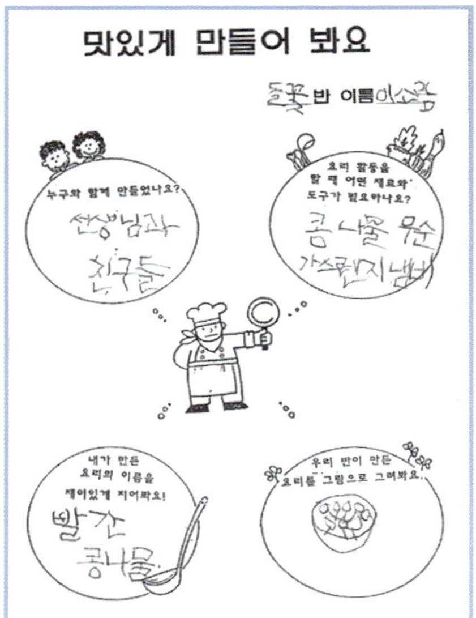

5. 집에서 엄마와 함께 해 본다.

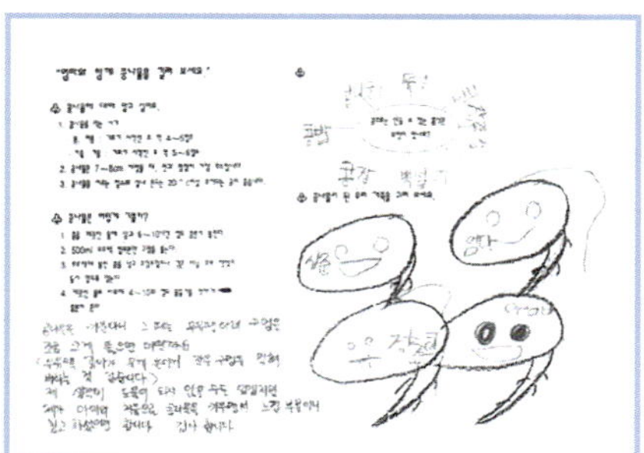

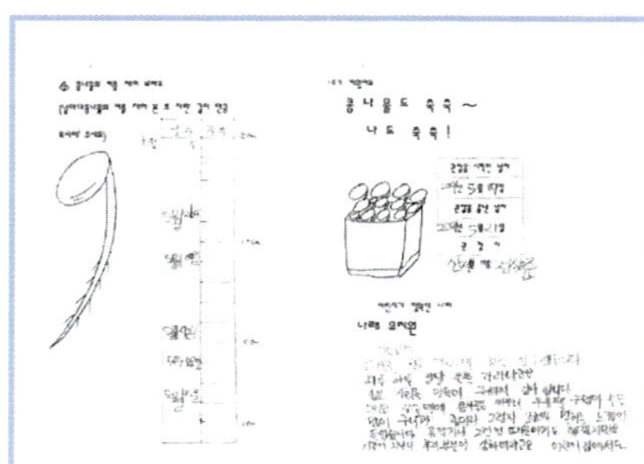

결과

1. 식물의 성장 과정을 알 수 있으며, 식물의 종류에 따라 성장의 차이점을 알 수 있다.
2. 식물이 성장할 때 필요한 요소를 알 수 있다(햇빛, 물, 사랑).
3. 식물의 재배 방법 중 수경재배에 대해서 알 수 있다.

확 장 활 동

1. 식물의 성장 과정

   싹이 무순처럼 나는 식물에는 어떤 것이 있으며 콩나물처럼 나는 것은 어떤 것이 있는지 살펴본다.

   예) 무순처럼(위로) – 미나리, 양파 등

   콩나물처럼(아래로) – 숙주(녹두)

2. 수경재배

   콩나물이나 무순처럼 수경재배할 수 있는 식물에는 어떤 것이 더 있는지 알아 본다.

   예) 상추, 미나리, 숙주 등

3. 요리활동

   무순과 콩나물을 유아들과 함께 요리활동 시간에 해 먹는다.

   ① 무순 – 김밥 만들기(시금치나 오이 대신 무순을 넣는다.)

   ② 콩나물 – 콩나물 국이나 콩나물 무침, 콩나물 밥 등을 해 먹는다.

   ③ 무순 콩나물 무침 – 무순이 매운 맛이 있어서 파 대신 넣는다.

4. 과학활동

   무순은 햇빛을 잘 받아야 잘 자라고 콩나물은 햇빛을 받지 않아야 잘 자란다는 것을 유아들과 함께 활동해 본다.

① 직접 실험해 본다.

: 콩나물에게 햇빛을 주었을 때와 무순에게 햇빛을 주지 않았을 때를 비교해 본 후 왜 그런 결과가 나왔는지 유아들과 이야기 나눠 본다.

5. 창의활동

① 유아들에게 먼저 흥미 유발을 위해서 창의 시트지 활동을 해 본다.

우리는 밝은 곳에서
친구들과 재미있게 놀지만
콩나물은 밝은 곳에서 놀면
자라지 않는데요,
왜 그런지 재미있게
생각해 볼까요?

우리는 잠을 자야
크지만 무순은 잠을 자지
않고 밝은 곳에서 깨어있어
야 키가 쑥쑥 자란대요,
왜 그런지 재미있게 생각해
볼까요?

② 활동 중간중간 아이들이 생각할 수 있도록 시트지를 만들어서 활동해 본다.

– 도형적인 창의성, 문제 해결력 등

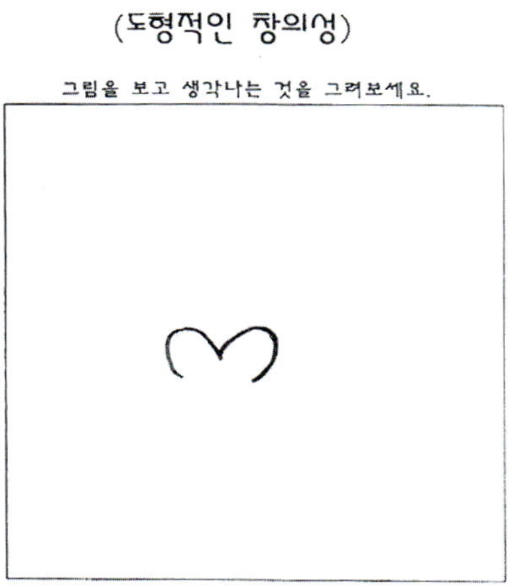

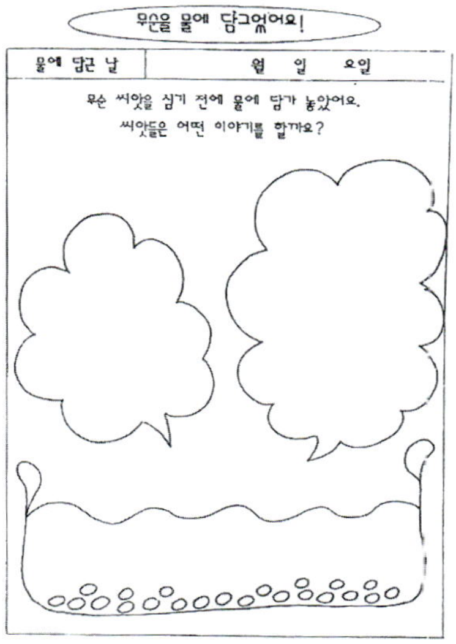

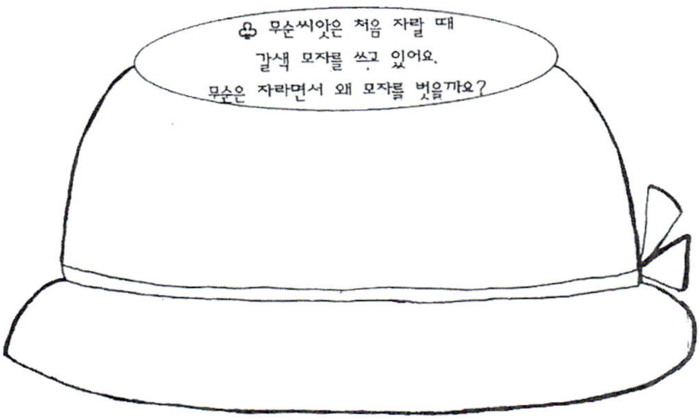

③ 엄마와 함께 하는 활동지

관찰일지 제2수준

무순아~ 나와라! 쑥쑥!

관찰을 시작한 날짜	년 월 일
관찰을 끝낸 날짜	년 월 일
관 찰 자	반 이름:

21세기를 이끌어가는
관인 나래어린이집 ☎(02) 495-0670
관인 나 래 유 치 원 ☎(02) 432-5009

자연을 사랑하는 어린이 선서

나는 자연을
사랑하는
어린이로서
(무 순) 이
잘 자라도록 가꾸고
관찰하겠습니다.

"알려드립니다"

- 무순 관찰을 위하여 무순 기르기 관찰책과 무순 씨앗을 원아편에 보내드립니다. (유치원에서 보내드리는 무순기르기 자료는 무순씨앗, 스티로폼 접시 2개, 솜 입니다.)
- '무순 기르기' 자료를 참고하시고 아이와 함께 무순을 기르시면서 변화되는 과정을 관찰하는 활동을 통해 즐거움을 느껴보시기 바랍니다.
- 다 자란 무순은 가정에서 가족들과 함께 다양한 요리활동을 해보시기 바랍니다.
- 글씨나 그림이 잘 되지 않는 원아의 경우 어머님께서 도움을 주시기 바랍니다.
- 관찰책에 실린 다양한 활동을 해 보신 후 유치원으로 보내주시기 바랍니다. (유치원에 관찰책을 가지고 오는 날짜는 추후에 알려드리겠습니다.)

무순 기르기를 하면 생각이 커져요.

기대되는 교육 효과

- 무순은 가정에서도 손쉽게 기를 수 있는 식물로서 유아들이 직접 길러볼 수 있으므로 자신감과 성취감을 갖게 되며 과학적 기초에 관심을 갖게 됩니다.
- 또한 무순은 성장속도가 빨라 식물의 성장과정에 대한 이해를 도울 수가 있으며 식물에 대한 소중함을 느낄 수 있습니다. (무순은 싹을 틔워 기르기 시작한지 7~10일정도 지나면 먹을 수 있습니다.)

- 1 -

무순 기르기

무순을 어떻게 기를까요?

1. 송곳을 이용하여 스티로폼 접시 하나에 구멍을 촘촘하게 뚫는다.
(나머지 접시 하나는 구멍을 뚫지 않습니다.)
2. 구멍이 뚫린 접시 위에 솜을 깔고 나머지 접시 하나를 밑에 받치면 무순 화분이 완성된다.
3. 오목한 그릇에 씨앗이 잠길 정도의 물을 부은 후 무순 씨앗을 넣고 12시간동안 담근다.
4. 12시간동안 불린 씨앗을 체에 받쳐 12시간 건조시킨다.
5. 무순 화분 위에 깔린 솜에 물을 주어 솜이 충분히 젖도록 한다.
6. 건조된 씨앗을 무순 화분에 골고루 펼쳐놓은 후 분무기(스프레이)로 물을 준다.

- 무순이 길게 자란 후에는 뿌리까지 물이 닿을 수 있도록 조리개(화분 물뿌리개)로 물을 충분히 준다

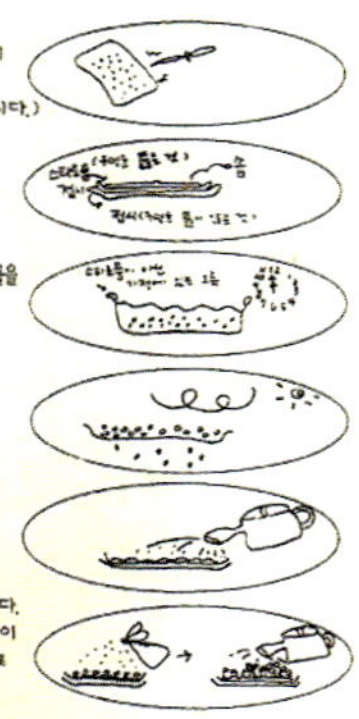

무순을 잘 기르려면 어떻게 해야할까요?

- 무순은 어두운 곳보다 밝은 곳에서, 시끄러운 곳보다 조용한 곳에서 더 잘 자랍니다.
- 무순은 지하수 또는 받아놓은지 하루가 지난 수돗물을 주어야 합니다.
- 물은 하루에 3~4번 줍니다.
- 밑화분에 고인 물은 썩지않게 매일 버려야 합니다.

- 2 -

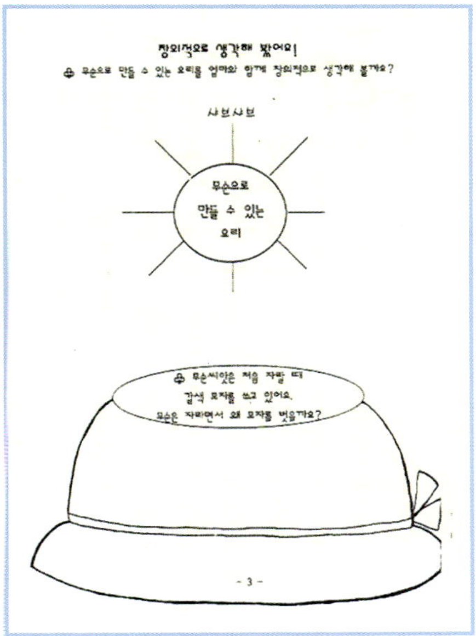

창의적으로 생각해 봤어요!

♧ 무순으로 만들 수 있는 요리를 엄마와 함께 창의적으로 생각해 볼까요?

사브사브

무순으로 만들 수 있는 요리

♧ 무순씨앗은 처음 자랄 때 갈색 모자를 쓰고 있어요. 무순은 자라면서 왜 모자를 벗을까요?

- 3 -

창의적으로 생각해 봤어요!

♧ 우리는 잠을 자야 키가 크지만 무순은 잠을 자지 않고 계속 밝은 곳에서 깨어있어야 키가 쑥쑥 자란대요. 왜 그런지 재미있게 생각해 볼까요?

♧ 씨앗에서 갓 나와 누워있던 작은 무순들은 점점 자라면서 어떻게 서있게 될까요?

- 4 -

무순을 물에 담그었어요!

물에 담근 날	월 일 요일

무순 씨앗을 심기 전에 물에 담가 놓았어요. 씨앗들은 어떤 이야기를 할까요?

- 5 -

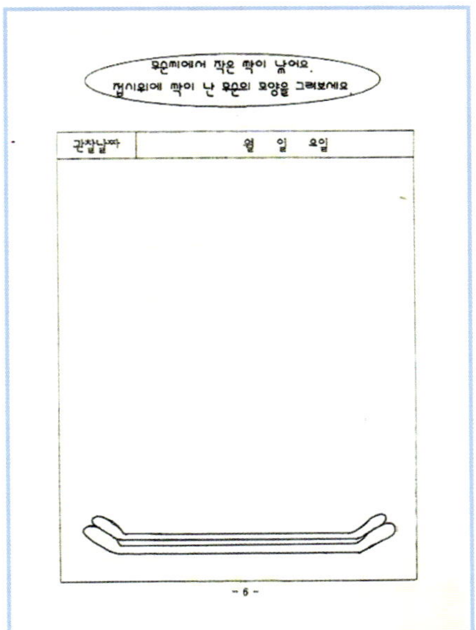

무순씨에서 작은 싹이 났어요. 접시위에 싹이 난 무순의 모양을 그려보세요.

관찰날짜	월 일 요일

- 6 -

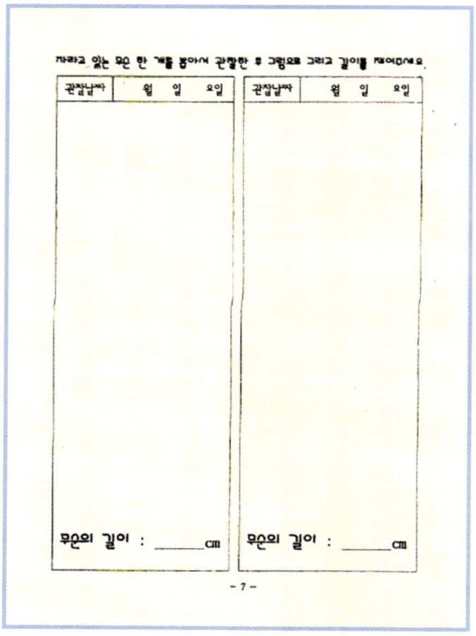

자라고 있는 무순 한 개를 뽑아서 관찰한 후 그림으로 그리고 길이를 재어봅시다.

관찰날짜	월 일 요일	관찰날짜	월 일 요일
무순의 길이 : ______cm		무순의 길이 : ______cm	

- 7 -

다 자란 무순을 잘라서
나만의 독특한 요리를 만들어 볼까요?
(어떤 요리를 만들 것인지 가족들과 의논해 본 뒤
함께 요리해 보세요.)

- 9 -

「내가 키웠어요!」 수첩은
아이들의 관찰능력과 사물의 특성을
이해하기 위해 가정과 유치원에서 키워보고
관찰하여 그림과 설명을 함께
기록해 보는 활동입니다.

봄이 오면

활 동 목 표

- 봄의 노래를 듣고 노랫말 안에 나오는 봄의 내용을 느껴 본다.
- 음악을 듣고 느낌을 몸으로 표현한다.

활 동 자 료

'봄이 오면' 노래 테이프, 녹음기

활 동 방 법

1. 봄의 특징에 대해 이야기를 나눈다.
2. '봄에 피는 꽃에는 어떤 것이 있나?' 에 대해 서로 이야기를 나눈다.
3. 음악을 듣고 음악에 알맞은 동작을 정한다.
4. 음악에 맞추어 몸을 움직여 본다.
5. 평가를 해 본다.

활 동 후 기

노래 가사가 짧고 단순하여 그룹으로 나누지 않고 다 같이 원으로 돌면서 표현하였다. '랄 랄 라--' 부분을 표현하는 것을 특히 즐거워하였다.

봄에도 빨알간 단풍나무 보셨어요?

활 동 목 표

- 단풍나무는 조경용, 그리고 우리나라 산과 들에 많이 자생하는 대표적인 활엽수이다. 가을에는 붉게 물드는 습성 때문에 가을에 단풍나무와 함께 어우러져 아름다운 산하를 이루는 아름다운 나무로 지도한다.
- 유아들이 자신의 주변 환경의 아름다움을 관찰할 수 있을 뿐 아니라 아름다운 환경을 만들기 위하여 어떤 일을 할 수 있는지 알게 한다.

활 동 자 료

- 단풍과 은행나무가 어우러져 아름다운 우리나라 가을 풍경의 그림을 준비한다.
- 단풍나무는 조경용으로도 많이 심어져 있지만 우리나라 산과 들에 자생하는 곳을 답사하여 견학 준비를 한다.

활 동 방 법

1. 단풍나무의 잎의 형태에 대하여 이야기해 본다.
2. 다른 나무 잎사귀와 다른 점에 대하여 이야기해 본다.
3. 가을에는 잎의 색깔이 어떻게 변하는지 알아 보게 하고, 그 느낌이 어땠는지 물어 본다.
4. 교사가 먼저 답사해 놓은 곳으로 견학을 실시한다.
5. 단풍나무의 특징을 알아 본다.
   - 잎이 다섯 갈래로 갈라진 것이 특징이며 가을이 되면 적색으로 변한다.

- 공해에 강하고 조경수로도 많이 쓰인다.
- 단풍나무의 종류에 따라 상시 붉은 빛을 띠는 단풍나무도 있다(일본 단풍나무).

6. 관찰한 후 단풍나무를 관찰한 것을 토대로 그림을 그려 보게 할 수 있다.

지도상의 유의점

1. 나뭇잎의 아름다움을 관찰하기 좋은 나무로 여름철과 가을철의 차이를 관찰하는 것이 효과적인 지도가 될 수 있다.
2. 잎의 모양이 특이하여 유아들이 관찰하며 이를 책갈피에 끼워 보관하면 좋다.

과제 및 평가

1. 여러 종류의 단풍나무의 생김새 그리고 잘 가꾸어진 모습 등의 다양한 볼거리를 제공해 다양한 형태로 표현할 기회를 준다(그리기, 이야기하기, 느낀 점 이야기해 보기 등).
2. 유아들의 추상적인 연상능력을 발휘하여 여러 가지 생각을 유추하게 한다.

꽃 그림 잎 그림

활 동 목 표

- 자연물의 아름다움을 느낄 수 있다.
- 자연물의 특성을 알고 자연물을 활용하여 조형활동을 할 수 있다.

교육과정 관련요소

- 표현생활 : 자연과 생활에서 아름다운 찾아 보기 – 예술적 요소 찾아 보기
- 표현생활 : 예술적 표현 즐기기 – 조형활동으로 표현하기

활 동 자 료

16절 크기(색종이 크기)의 진한 색지, 16절 크기로 자른 투명 시트지

활 동 방 법

1. 떨어진 꽃잎을 관찰하며 손에 받는 등 다양한 방법으로 놀이한다.
   – 떨어진 꽃잎을 보니 어떠니? 꽃잎을 손으로 받아 볼까? 높이 던져 보자.
2. 떨어진 꽃잎과 주변의 자연물(풀, 잎, 잔가지 등)을 줍는다.
3. 주운 꽃잎과 주변의 자연물을 진한 색깔의 종이 위에 올려놓으며 구성한다.
   – 꽃과 잎으로 무엇을 꾸밀 수 있을까?
4. 구상한 대로 자연물을 다 올려놓은 후에 투명 시트지를 덮어 고정한다.
5. 작품을 바로 전시하여 친구들과 감상한다.

활동의 유의점

1. 봄철 벚꽃 잎이 많이 떨어지는 시기에 활동하면 효과적이다.

활동평가

1. 자연물의 아름다움을 느끼고 즐기는가?
2. 꽃잎의 모양, 색, 질감을 알게 되었나?

확장활동

1. 4, 5세의 경우 도화지의 크기를 조절하여 제시할 수 있으며, 유성 매직과 유성펜을 이용하여 작품을 보완하여 꾸밀 수 있다.
2. 전지 크기의 도화지를 이용하여 공동 작품으로 구성할 수 있다.

예) 흰 도화지에 그리고 싶은 동물과 식물, 자기 자신을 그림으로 그려 오린다. 꽃잎을 뿌린 도화지에 알맞게 자리를 구성하여 붙인 후에 시트지를 붙여 완성한다. 작품을 완성한 후에 제목을 의논하여 함께 붙여 본다.

집에서 기르는 동물 알아 보기

활 동 목 표

- 애완동물의 종류를 안다.
- 자료를 모으고 기초적인 분류 활동을 할 수 있다.
- 경험한 것에 대한 생각과 느낌을 말로 표현할 수 있다.

교육과정 관련요소

- 탐구생활 : 과학적 기초능력 기르기 – 생명체와 자연환경 소중하게 여기기
- 탐구생활 : 수학적 기초능력 기르기 – 자료 정리 및 결과 나타내기
- 언어생활 : 말하기 – 생각과 느낌 말하기

활 동 자 료

애완동물 조사하기 그래프 그림, 색종이, 풀, 색연필이나 사인펜

활 동 방 법

1. 교실 안 한쪽 벽면에 애완동물 조사하기 그래프 그림을 붙여 둔다.
2. 자유 선택 활동 시간에 유아들이 색종이에 사진의 이름을 적어 자신의 집에서 기르는 애완동물 그림이 있는 칸에 붙인다.

3. 그래프의 위쪽에 각각 몇 명이 표시했는지 숫자로 표시하고, 어떤 동물을 가장 많이 기르는지, 가장 적게 표시된 동물은 무엇인지 비교하고 이야기해 본다.

활동의 유의점

1. 그래프 활동을 하기 전날 본 활동을 소개하고, 집에서 기르는 동물에 대해 생각해 볼 수 있도록 한다.
2. 그래프에 제시되는 동물은 교사가 사전에 조사하여 제시한다.
3. 애완동물의 종류와 명칭을 알게 되었는지, 수의 많고 적음을 이해하는지 관찰한다.

활 동 평 가

1. 애완동물의 종류와 명칭을 알게 되었나?
2. 그래프를 보고 많고 적음을 비교하여 알 수 있나?
3. 그래프를 보고 결과를 말로 설명할 수 있나?

확 장 활 동

1. 유아의 발달 수준에 따라 그래프 형식이 아닌 자신의 집에서 기르는 애완동물 그림 붙이기나 사진을 제시하여 알아 보는 활동으로 응용한다.
2. 기르고 싶은 동물로 주제를 바꾸어서 해 본다.

잎 따기

활 동 목 표

- 식물을 자세히 관찰하고 특징을 안다.
- 10 이내의 수를 세고, 수를 더하고 뺄 수 있다.

교육과정 관련요소

- 탐구생활 : 탐구하는 태도 기르기 – 탐구 과정 즐기기
- 탐구생활 : 수학적 기초능력 기르기 – 수감각 기르기

활 동 자 료

1. 실제 나뭇잎(말려서 사용) 또는 색지로 나뭇잎을 만들어 코팅한다. 나뭇잎 뒷면에 까슬이를 붙인다.
   - 잎이 붙어 있는 모양(마주나기 잎, 어긋나기 잎, 돌려나기 잎, 뭉쳐나기 잎)을 살려 만들며, 잎의 개수가 10장이 되도록 맞춘다.

〈마주나기〉
잎이 두 장씩 마주보고 난다(백일홍, 사철나무, 별꽃, 패랭이꽃 등).

〈어긋나기〉
잎이 한 장씩 어긋나게 난다(밤나무, 사철나무, 벚꽃, 나팔꽃 등).

〈돌려나기〉
잎이 세 장 이상씩 돌려서 난다(쇠뜨기, 쇠뜨기말, 검정말, 갈퀴덩굴 등).

〈뭉쳐나기〉
여러 개의 잎이 짧은 줄기에 뭉쳐 난다(민들레, 소나무, 은행나무, 낙엽송 등).

2. 네모 모양 종이에 색지로 줄기를 만들고, 나뭇잎 모양대로 개수만큼 그림자를 만들어 붙인다. 나뭇잎 그림자 위에 보슬이를 붙인다.

활동방법

1. 교구를 보며 잎의 모양에 대해 간단히 이야기해 본다.
   - 잎사귀가 어떻게 생겼니?
   - 잎이 붙어 있는 모양이 모두 같니? (양쪽으로 똑같이 붙어 있다. 모여서 붙어 있다. 줄을 선 것처럼 붙어 있다. 등)
2. 놀이 방법을 생각해 보고 정한 방법대로 놀이한다.
   - 마주나기 잎, 어긋나기 잎, 돌려나기 잎, 뭉쳐나기 잎 중에서 어떤 잎을 뗄지 고른다.
   - 가위바위보를 하여 이긴 사람이 한 개씩 잎을 떼어 낸다.
3. 잎을 다 떼어 내면 게임이 끝난다.
4. 잎을 다시 붙이는 게임으로도 해 본다.

활동의 유의점

1. 교구로 활동하기 전후로 식물을 관찰할 때, 잎이 난 모양을 자세히 관찰하고, 어떻게 났는지 찾아보며, 관찰지에 기록하여 서로 이야기해 본다.

활동평가

1. 식물마다 잎이 난 모양이 다름을 이해하는가?
2. 10 이내의 수를 더하고 덜어 낼 수 있는가?

확장활동

1. 5세 유아에게 제시할 경우 제작 방법 ②의 아랫부분에 나뭇잎이 나는 모양에 글을 덧붙여 써 준 후에 코팅하여 제시해 준다.

낙엽 놀이

활 동 목 표

• 낙엽에 관심을 가지고 탐색한다.

• 바깥놀이에 적극적이고 즐겁게 참여할 수 있다.

교육과정 관련요소

• 탐구생활 : 과학적 기초능력 기르기 – 자연 현상에 대해 알아 보기

• 건강생활 : 나의 몸 움직이기 – 바깥에서 신체 활동 하기

활 동 자 료 여러 가지 모양의 낙엽

활 동 방 법

1. 쌓여 있는 낙엽 위를 걸어 본다. 그냥 바닥을 걸었을 때와 다른 점을 느껴 본다.

   – 낙엽 위를 걸어 보자. 땅을 걸을 때와 어떻게 다르니?

2. 낙엽을 밟는 소리를 들어 본다.

   – 빨리 걸어 보자.

   – 천천히 걸어 보자.

   – 어떤 소리가 들리니?

3. 낙엽을 하늘로 던져 본다.

   – 낙엽이 떨어지는 모습이 어떠니?

   – 더 많이 손에 쥐고 뿌려 보자. 느낌이 어떻게 다르니?

4. 낙엽을 뿌려 보고 손으로 받아 본다.

5. 낙엽을 한 곳에 높이 쌓아 보고 그 위에 앉아 본다.

6. 낙엽을 가득 안고 친구들에게 던져 본다.

7. 낙엽을 손으로 비벼 보며 소리를 들어 본다.
   - 어떤 소리가 들리니? 밟을 때 나는 소리와 같니?

활동의 유의점

1. 낙엽 위에 유아들이 뒹굴면 먼지나 기타 더러운 물질이 있을 수 있으므로 교사가 사전에 점검한다.

활 동 평 가

1. 낙엽을 밟거나 비빌 때 나는 소리, 낙엽이 쉽게 부스러지는 것 등을 알게 되었나?
2. 낙엽을 활용한 신체 활동에 즐겁게 참여하였는가?

확 장 활 동

1. 나뭇잎을 코팅하여 그림 그리기를 한다.
2. 낙엽 방석을 만들어 본다.

풀 씨름

활 동 목 표

• 자연물을 이용한 놀이를 즐긴다.

• 주변에서 볼 수 있는 식물에 관심을 갖는다.

교육과정 관련요소

• 사회생활 : 이웃과 더불어 생활하기 – 두레의 소중함을 알고 협력하기

• 탐구생활 : 과학적 기초능력 기르기 – 생명체와 자연환경 소중하게 여기기

활 동 자 료

주변에서 볼 수 있는 풀(예 : 맥문동, 잔디풀, 질경이, 솔잎 등)

활 동 방 법

1. 산책을 하며 풀이 있는 장소에 동그랗게 모여 앉는다.
2. 풀을 자세히 살펴본다.
   - 잎은 무슨 모양이니?
   - 만져 볼까? 어떤 느낌이 드니?
3. 풀을 이용한 풀 씨름 놀이를 소개한다.
   - 서로 같은 풀을 가지고 서로 엇갈리게 해서 두 손을 잡는다.
   - 두 사람이 각각 자기 쪽으로 풀을 잡아당긴다.
   - 풀이 끊어지지 않은 사람이 이긴다.

활동의 유의점

1. 서로 같은 종류의 풀을 사용하도록 한다.

활동평가

1. 주변에서 볼 수 있는 풀에 관심을 가지고 살펴보는가?

확장활동

1. 계절마다 같은 풀을 이용해서 풀 씨름을 해 보며 계절에 따른 풀의 변화에 관심을 가질 수 있도록 한다.
   - 맥문동 : 봄에는 잎이 모여 나와서 포기를 만든다. → 여름에는 자줏빛의 꽃이 빽빽이 달린다. → 가을에는 동그랗고 검은 열매가 맺힌다. → 열매가 떨어지면 갈색 줄기가 남는다.

식물의 성장

활 동 목 표

• 노래를 즐겨 부른다.

• 식물의 성장 과정을 안다.

교육과정 관련요소

• 표현생활 : 예술적 표현 즐기기 – 음악으로 표현하기

• 탐구생활 : 과학적 기초능력 기르기 – 생명체와 자연 환경 소중하게 여기기

활 동 자 료 노랫말 그림 자료(꽃 그림은 사진 자료로 만든다.)

활 동 방 법

1. 노랫말을 동시로 들려 준다.

   – 씨앗이 점점 자라서 어떻게 되었니? 어떤 꽃들이 피었니?

2. 교사가 반주에 맞추어 노래를 부른다.

3. 한 가지 소리로 멜로디를 따라 부르며 음을 익힌다.

4. 꽃 이름이 나오는 부분만 노랫말을 넣어 불러 본다.

5. 노래를 처음부터 끝까지 다 함께 부른다.
6. 노래를 부르며 앉은 채로 식물의 성장 과정을 간단히 표현해 본다(손으로 표현, 팔을 뻗어서 표현 등).

활동의 유의점

1. 유아들과 함께 유치원 주변을 산책하면서 봄에 피는 꽃들을 관찰한 후에 실시한다.
2. 씨앗 심기 활동과 연계하여 실시한다.

활 동 평 가

1. 꽃 이름을 기억하고 노래를 즐겁게 부르는가?
2. 식물의 성장 과정을 이해하였는가?

확 장 활 동

1. 여러 가지 꽃 이름을 노래 가사에 넣어 다양하게 변형해서 불러 본다.

▶식물의 성장

Hap Palmer 곡
유애열 편역

나무 심기

활동목표

• 자연을 보호하는 태도를 가진다.

• 게임에 필요한 규칙을 정하고 지킬 수 있다.

교육과정 관련요소

• 탐구생활 : 과학적 기초능력 기르기 – 생명체와 자연 환경 소중히 여기기

• 사회 생활 : 이웃과 더불어 생활하기 – 질서와 규칙 지키기

활동자료

산불 사진, 과일 상자(상자를 물감으로 칠하고, 상자에 흙이나 모래를 담아 나무 심을 땅으로 준비한다), 유아들이 만든 나무(서랍장에 나무 그림을 그려 붙인 것), 높이 3cm 정도의 블록 6개, 나무 담을 바구니 2개, 신호 악기, 평가 자료(융판과 작은 나무 융판 자료)

활동방법

1. 산불 사진을 보고 어떤 그림인지, 나무가 어떻게 되었을지 생각해 본다.
   – 어떤 사진이니? 나무들이 어떻게 되었을까? 나무가 없으면 어떨까?
2. 산에 나무 심기를 게임으로 해 보기로 하고, 준비된 자료를 보면서 게임 방법과 규칙을 정한다.
   – 어떤 방법으로 나무 심기 게임을 할 수 있을까?
   – 어떤 규칙을 정해야 할까?
3. 정한 방법과 규칙에 따라 게임을 한다.
   – 양편에서 한 사람씩 나와서 출발 신호에 맞추어 간다.
   – 블록이 있는 곳에서는 두 발로 모아 뛴다.
   – 과일 상자 앞에 가서 바구니에 있는 나무를 한 그루 심고 돌아온다.

- 돌아오면 나무가 쓰러지지 않고 잘 심어졌는지, 블록은 두 발로 모아 뛰었는지 평가한 후 규칙을 지키고 나무를 잘 심고 돌아온 편에는 작은 평가 자료를 붙인다.

4. 모든 유아가 다 해 본 후에 게임이 재미있었는지, 규칙을 모두 잘 지켰는지, 나무를 심고 난 후의 느낌은 어떤지 이야기한다.

활 동 평 가

1. 자연을 보호해야 함을 알고 보호하려는 태도를 가지게 되었나?
2. 게임에 즐겁게 참여하고 규칙을 잘 지키는가?

확 장 활 동

1. 사계절에 따라 나무의 종류를 달리하거나, 유아들이 직접 꽃이나 열매를 만들어서 붙이는 게임으로 할 수 있다.

동물 병원에 대해 알아보기

활 동 목 표

• 궁금한 것에 대해 조사하고 알아보는 태도를 가진다.

• 애완동물을 돌보는 방법을 안다.

• 동물 병원에 대해 알고 동물 병원을 이용한다.

교육과정 관련요소

• 탐구생활 : 탐구하는 태도 기르기 – 탐구 과정 즐기기

• 탐구생활 : 과학적 기초능력 기르기 – 생명체와 자연 환경 소중하게 여기기

• 사회생활 : 사회 현상에 관심 가지기 – 주변 지역에 관심 가지기

활 동 자 료 동물 병원과 수의사 선생님 인터뷰 동영상, 궁금한 것 알아보기 상자

활 동 방 법

1. 사전에 동물 병원에 대해 궁금한 것을 글씨로 쓰거나 그림으로 그려서 궁금한 것 알아 보기 상자에 모은다.
2. 교사가 동물 병원을 방문하여 동물 병원 내부와 동물 병원에서 동물을 치료하는 모습을 찍고 수의사 선생님과 인터뷰한다.
3. 동영상을 보며 동물 병원에 대해 이야기를 나눈다.
   - 동물 병원에는 어떤 물건들이 있니?
   - 어떤 동물들이 있니?
   - 동물들의 모습은 어떠니?
4. 수의사 선생님과 인터뷰한 내용을 듣고 동물도 아프면 병원에 가야 함을 이야기한다.
   - 동물 병원에서 수의사 선생님은 어떤 일을 하나?

- 동물은 언제 병원에 오나?
- 동물이 아픈 것은 어떻게 알 수 있나?
- 어떻게 치료하나?

활동의 유의점

1. 동물 병원이나 애완동물 가게를 방문하는 것은 세균 감염으로 인해 유아들에게 위험할 수 있으므로, 야외 체험 학습이 아니라 교사가 방문하여 자료를 수집하는 것으로 한다.
2. 사전에 유아들이 궁금해하는 내용을 조사한다.

활동평가

1. 동물 병원과 애완동물을 기르는 방법에 대해 적극적으로 알아 보는가?
2. 동물들이 병원에 가야 하는 이유를 알고, 동물을 올바르게 기를 수 있게 되었나?
3. 동물 병원과 수의사의 역할에 대해 알게 되었나?

확장활동

1. 동물 병원 놀이를 해 본다.
2. 동물 병원과 관련된 도서와 함께 동영상 자료도 제시하여 자유 선택 활동 시간에 자유롭게 볼 수 있도록 한다.

동물도 권리가 있어요

활 동 목 표

- 동물도 그 특성에 맞게 소중하게 다루어져야 한다는 것을 안다.
- 자료와 정보를 보고 이해하여 말로 설명할 수 있다.

교육과정 관련요소

- 탐구생활 : 과학적 기초능력 기르기 – 생명체와 자연 환경 소중하게 여기기
- 언어생활 : 말하기 – 생각과 느낌 말하기

활 동 자 료 유기 동물 사진, 건강하게 잘 자라고 있는 동물 사진

활 동 방 법

1. 버려진 동물과 건강하게 자라는 동물 그림을 보고, 동물의 권리에 대해 이야기를 나눈다.
   - 동물도 사람처럼 배고픔, 목마름, 아픔, 무서움을 안다.
   - 동물들도 마음대로 움직이고 싶어 한다.
   - 동물을 억지로 굶기거나 때리면 안 된다.
   - 동물들도 아플 때 치료 받아야 한다.
2. 애완동물을 올바르게 돌보는 방법에 대해 생각해 본다.
   - 동물을 잃어버렸을 때는 어떻게 해야 할까?
   - 동물이 아프거나 불편한 것은 어떻게 알 수 있을까?

활동의 유의점

1. 교사는 동물의 권리에 관하여 사전에 충분히 알아본 후에 정확한 지식에 근거한 활동을 전개한다.

2. 유기 동물이나 동물 학대 사진 중 유아에게 보여 주기 적합하지 않은 잔인한 사진을 제시하지 않도록 주의한다.

활 동 평 가

1. 동물도 불편하고 힘들 때가 있다는 것을 이해하고, 동물을 소중히 다루는 태도를 가지게 되었나?
2. 동물 보호와 관련된 자료들을 보고 이해하여 그 내용에 대해 자신의 말로 설명할 수 있는가?

확 장 활 동

1. 동물 보호에 관한 포스터를 제작하여 가정 통신문으로 보내고, 유치원 출입구에 전시한다.

동물 발자국 찍기

활 동 목 표

- 손과 발을 이용하여 모양을 구성한다.
- 동물의 발자국을 구별한다.

교육과정 관련요소

- 건강생활 : 나의 몸 인식하기 - 감각 기관을 활용하기
- 탐구생활 : 과학적 기초능력 기르기 - 생명체와 자연 환경 소중하게 여기기

활 동 자 료 모래, 나뭇가지, 동물과 동물의 발자국 사진

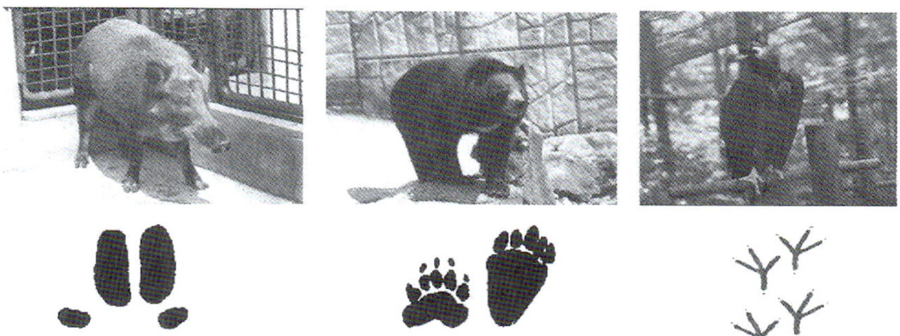

멧돼지 곰 독수리

활 동 방 법

1. 모래 놀이터에서 손과 발을 이용해 동물 발자국 모양을 찍어 본다.
   - 어떤 동물의 발자국을 찍어 볼까?
   - 곰 발바닥처럼 찍으려면 손과 발 중 무엇을 이용하여 만들 수 있을까?
   - 독수리의 뾰족한 발톱은 어떻게 표현해 볼까? (나뭇가지로 그린다.)
2. 어떤 동물의 발바닥인지 서로 알아맞히기를 해 본다.

활동의 유의점

1. 사전에 동물들의 발바닥에 대한 경험을 하도록 사진 자료나 그림 자료를 제시한다.
2. 동물의 발자국이 모래에 더 선명하게 찍히도록 발자국을 찍기 전에 밀대나 도구를 이용하여 모래를 평평하게 다지고 활동한다.

활 동 평 가

1. 손과 발을 이용하여 모양을 구성하는가?
2. 동물의 발자국을 구별하는가?

확 장 활 동

1. 유아들이 만든 발바닥을 사진으로 찍어 과학 영역에서 실제 발바닥과 비교해 보는 활동을 해 볼 수 있다.

참 고 문 헌

강보규(1993). 발달심리학. 정훈출판사.

곽노의 · 최민수 · 김규수 · 김경철 · 유구종(1997). 유아 기본생활습관 평가도구 개발. 열린유아교육연구, 2(2), 139-166.

곽진희(1991). 어린이의 텔레비전 충족 욕구유형과 선호 프로그램의 상관관계에 관한 연구. 경남대학교 석사학위논문.

곽혜경 · 조복희(1991).유아의 기질, 어머니의 통제전략과 유아의 자기 통제행동과의 관계. 아동학회지, 23(1), 165-176.

교육부(2001). 유치원 지도서.

______(2002). 유치원 지도서.

______(2003). 유치원 지도서.

______(2004). 유치원 지도서.

______(2005). 유치원 지도서.

______(2006). 유치원 지도서.

______(2007). 유치원 지도서.

______(2008). 유치원 지도서.

______(2009). 유치원 지도서.

교육부(2000). 유아의 사회적 능력발달 교육 활동자료.

교육부(1998). 유아 기본생활습관 교육 활동자료. 서울: 서울특별시인쇄공업협동조합.

교육부(1998). 유치원 교육과정 해설. 서울: 대한교과서 주식회사.

교육부(2000). 유치원 교육활동 지도 자료. 서울: 대한교과서 주식회사.

구황현 · 이경희(2002). 유아사회교육. 서울: 동문사.

국립교육평가원(1996). 유치원교육평가. 국립교육평가원.

김경희(1986). 아동심리학. 박영사.

김광웅(1997). 유아생활지도. 교육과학사.

______(1983). 유아생활지도. 학문사.

______(1994). 아동발달. 형설출판사.

김광웅 · 이인수(1998). 아버지의 양육참여도와 유아의 사회정서적 능력. 아동학회지, 19(2), 65-75.

김명희(2000). 전래동화에 나타난 도덕적 갈등상황의 토의활동이 유아의 대인문제 해결 사고에 미치는 영향. 전남대학교 교육대학원 석사학위논문.

김성태(1967). 발달심리학. 법문사.

김수영(2000). 유아의 또래 수용도, 놀이 상호작용 및 놀이형태와의 관계, 유아교육연구, 20(3), 47-65.

김신자(1993). 아동발달학. 수학사.

김애순 · 윤 진(1997). 청년기의 갈등과 자기이해. 서울: 중앙적성출판사.

김언주(1987). 신교육심리학. 서울: 문음사.

김윤식 · 제석봉(1993). 아동발달심리학. 학문사.

김 정(1986). 미술교육총론. 학연사.

김정신 · 정해은 · 조희진(2004). 유아예절교육. 서울: 교문사.

김창대 · 이정윤 · 이영선 · 남상인(1994). 청소년문제 유형분류체계 연구Ⅰ. 서울: 청소년 대화의 광장.

남궁 달화(1998). "인성교육의 이론적 기초-개념과 구성요소". 연구월보.

________(1988). "도덕적 문제해결의 절차와 방법-John Wilson을 중심으로".

한국교육학회. 교육학연구 Vol, 26. No, 2. pp, 137-150.

남억우 외(1963). 아동발달과 지도. 교우사.

남억우(1966). 아동심리학. 왕문사.

문용린(1997). EQ가 높으면 성공이 보인다. 글이랑.

박성수 · 김혜숙 · 이숙영 · 김창대 · 유성경(1997). 청소년상담원리. 서울: 청소년 대화의 광장.

박성수(1986). 아동생활지도. 한국방송통신대학.

박성연 역(1991). 인간발달 I : 아동발달. 교육과학사.

박찬옥 · 김영중 · 황혜경 · 엄정례 · 조경서(2001). 유아사회교육. 정민사.

서봉연 · 송명숙(공역)(1982). 인간발달. 중앙적성출판사.

서봉연 · 유안진. 인간발달. 서울대학교 출판부.

서봉연 · 이순형(1983). 발달심리학. 중앙적성출판사.

안영진(1998). 유치원 교육과정에 따른 유아생활지도. 삼광출판사.

______(1997). 유아교육전공자를 위한 新 영 · 유아발달 총서. 정일.

______(2002). 유아 및 아동 교육기관 중심 21세기 신세대 바람직한 자녀교육을 위한 지침서 새 아동발달 연구. 꾸벅.

______(2006). 21c 교사 양성을 위한 아동발달. 공동체.

______(2007). 세계화와 민주시민 양성을 위한 유아생활지도. 서울: 창지사.

______(2008). 21세기에 적응하는 부모교육. 양서원.

안영진 · 이숙정(2008). 새로운 유아교육과정에 따른 유아사회교육. 양서원.

우영효(2003). 영유아 인성교육의 이론과 실제. 양서원.

이영자 · 유효순 · 이정욱(2001). 주제중심의 통합적 접근방법에 의한 유아사회교육. 서울: 교문사.

이영자 · 이종숙 · 신은수 · 양승희 · 안경숙 · 유윤영 · 연선영(2000). 유아의 정서지능 향상을 위한 프로그램. 서울: 창지사.

임갑빈 · 김순녀 · 박영란 · 이진수(2002). 자연친화 생태유아교육 프로그램. 양서원.

전예화 · 최미현 · 천외영 · 서현아 · 황해익 공저(2003). 유아사회교육. 양서원.

정인석(1988). 신교육심리학. 서울: 대왕사.

지성애(2006). 보육현장에서 활용하는 영유아 사회활동의 이론과 실제. 양서원.

지성애 · 김미경(2003). 유아 사회교육의 이론과 실제. 서울: 학지사.

지성애. Bronson, M.,& Sherwood, N.(1997). 유아사회생활교육. 서울: 서울 특별시 교육청. 유치원 장학자료62.

한국교육학회(1998). *인성교육*. 서울: 문음사.

홍경자(2004). *청소년의 인성교육-나는 누구인가*. 서울: 학지사.

Durkheim, E.(1961). *Moral Education*. New York: Free Press.

Kohlberg, L.(1975). *Why a Higher Stage Is a Better Stage?* in L. Kohlberg, ed., Cambridge Mass.: Harvard Graduate School of Education.

__________(1980). "Stage of Moral Development as a Basis for Moral Education" in Moral Development, *Moral Education, and Kohlberg*, ed., by B. Munsey, Birmingham, Alabama: Regligious Education Press.

__________(1981). *The Philosophy of Moral Development*. San Francisco: Harper & Row.

Maslow, A.(1978). *The Father Reaches of Human Nature*. Penguin Books.

__________(1978). *Religions, Values, and Peak-Experiences*. Penguin Books.

__________(1978). *Motivation and Personality*. New York: Harper & Bros.

__________(1968). *Toward A Psychology of Being*. New York: D. Van Nostrand Company.

Rest, J.(1986). *Moral Development*. New York: Praeger.

Wilson, J(1970). *Moral Thinking: A Guide for Students*. London: Heinemann Educational Books.

________(1971). *Education in Religion and the Emotions*. London: Heinemann Educational Books.

________(1972). *Practical Method of Moral Education*. London: Heinemann Educational Books.

________(1973). *The Assessment of Morality*. Windsor, Berks: NFER Publishing Company.

Ainsworth, M. D.,Bellhar, M., Waters, E.,& Wall, S.(1978). *Patterns of attachment*. Hillsdale, NJ : Erlbaum.

Hilgard. E., *Theories of Learning*(Applention Century Crofts 1986).

Hinde, B. A. "Enthological and relationships approaches." In R. Vasta(Ed.)(1989). *Annals of Child Development* (Vol.6, pp. 251-285). Greenwich, CT : JAI Press.

Hunt, J. M.(1961). *Intelligence and ezperience*. New York : Ronald.

Hurlock, E. E.(1980). *Child development*. New York : McGaw Hill Book Co.

Jersild, A. T.(1960). *Child psychology*. New York : Prentice Hall, Inc.

Kagan, J., Kearsley, R. B. & Zelazo, P. R.(1978). *Infancy : It's place in human development*. Cambridge, MA : Harvard University Press.

Kohlberg, L., "stages and sequence : The cognitive-developmnetal approach to socialination" in D.A.

M. C. 미리온(1992). 조회숙 역. 유아생활지도. 창지사.

Montessori, M.(1987). *The discovery of the child*. N. Y. : Ballantine Book.

Piaget, J.(1980). *Judgment and Reasoning in the Child*. N. Y. : Penguin Book.

Michelson, L., Sugai, D., Wood, R. & Kazdin, A.(1983). *Social skills assessment and training with children*. New York : Springer.

Piaget, J.(1962). *Play, Dreams and Imitation in Childhood*. N. Y. : Norton.

Shaefer, E. S.(1959). "A Circemplex Model for Maternal Behavior", J. of abnor. & Soc. Payschol, pp. 226-235.

Wattenberg, W.W. & Clifford, C.(1964). "Relation of self-concepts to beginning achievenment" in *Reading Child Development*, 35.

Phillips, E.(1978). *The social skills basis of psychopathlogy*. New York : Grune & Stratton.

저자 소개

안 영 진 (安榮珍)

현

- 한양여자대학교 유아교육과 교수
- 유아교육과 교육학 박사
- 유아교육과 초대 학과장
- 아동심리 교육센터 초대 교육센터장
- 교육부 연구(프로젝트 스펙트럼 – 유아의 사회적 능력 발달 교육 활동 자료)
- 건국대학교 박사 우수 논문상 수상
- 한양여자대학교 우수 저술상
- 교과부 전문대학협의회 "교수 – 학습 프로그램" 연구 – 개발 한국 직업능력 원장상
- 교육부 장관상 수상
- (AP)부모교육 전문가
- 전 한국 영유아보육행정학회 부회장
  서울대, 숙대, 경희대 등 대학원 강의
- 현 한국몬테소리연구학회 이사
  한국 영유아보육행정학회 이사
  서울 · 경기 스펙트럼 연구회 수십 기관 교육 자문위원
- 한국 프로젝트 스펙트럼 연구회 회장
- 몬테소리 · 미술치료사 전문가
- 북부 유치원 장학지도
- 광진구 보육정보센터 자문 의원
- 아동심리전문가 · 청소년 상담 연구원(교육인적자원부 산하 한국교육연수원)
- 우리들은 1학년 교과부 심의의원 및 정책자문
- 한국 프로젝트 스펙트럼 제2저작권 소유(다중지능에 의한 아동 연구교육 프로그램 Ⅰ, Ⅱ, Ⅲ) : 〈 하버드 대학연구 〉
- Building on Children's Strengths: Project Spectrum(1)
  (다중지능에 의한 아동의 다양한 능력 개발 프로젝트. 창지사. 2004)
- Projcet Spectrum : Early Learning Activities (Project Spectrum 2)
  (다중지능에 의한 아동의 다양한 능력 개발을 위한 프로그램. 창지사. 2005)
- Project Spectrum : Preschool Assessment Handbook (Project Spectrum 3)
  (다중지능에 의한 아동의 다양한 능력 개발을 위한 평가. 창지사. 2005)

저서

- 세계화와 민주시민 양성을 위한 유아생활지도. 창지사. 2010.
- 교육심리학. 정민사. 2009.
- 가치로운 삶을 위한 리더십. 정민사. 2009.
- 21세기에 적응하는 부모교육. 양서원. 2008.
- 새로운 유아교육과정에 따른 유아사회교육. 2008.
- 현대인의 정신건강. 양서원. 2007.
- 아동상담. 동문사. 2006.
- 아동발달. 공동체. 2006.
  〈 한국 스펙트럼 제2저작권 소유 〉
- 다중지능에 의한 아동의 다양한 능력 개발을 위한 평가. 창지사. 2005.
- 다중지능에 의한 아동의 다양한 능력 개발 프로젝트. 창지사. 2004.
- 다중지능에 의한 아동의 다양한 능력 개발을 위한 프로그램. 창지사. 2001.
- 아동심리와 부모교육. 꾸벅. 2002.
- 새 아동발달 연구. 꾸벅. 2002.
- 교육심리학. 창지사. 2001.
- 아동상담. 동문사. 2001.
- 유아의 사회적 능력 발달 교육활동 자료. 교육인적자원부. 2000.
- 유아 생활지도. 삼광출판사. 1998.
- 아동 심리의 발달과 이해. 정일. 1997.
- 특수 아동 교육. 정일. 1997.
- 영 · 유아 발달 총서. 정일. 1997.
- 부모 교육 총론. 정일. 1996.
- 특수아동지도. 길안사. 1996.
- 아동발달 심리. 길안사. 1996.

논문

- 전문대학혁신 프로그램: 교수 - 학습 개선지원 사업 자료집. 2008
- A study on the day care program to enhance the social and emotional development of children. PECERA. 2006
- 종일제 유아교육 프로그램 모형 개발 -프로젝트 스펙트럼 프로그램을 중심으로. 한국유아교육보육행정학회. 2006
- 다중지능에 의한 프로젝트 스펙트럼 바람 활동을 통한 유아의 자연 탐구과정조망. 한양여대논문집. 2006
- 다중지능에 의한 스펙트럼 연구 - '그림자' 프로젝트 & '거북선' 프로젝트 서울초등다중지능교육연구회. 2005
- 다중지능에 의한 프로젝트 스펙트럼 과학 활동을 통한 유아의 자연 탐구과정조망. - '바람' 활동에 대한 사례 연구. 한국유아교육보육행정학회. 2005
- Multiple Intelligence by Project Spectrum Activities: Prospect of assembly activities process. PECERA. 2005
- 다지능 적용수업의 이론과 실제. 한국영유아보육행정학회. 2004
- 유아교육의 새로운 방향 제시 및 평가 방법 모색. 한국영유아보육행정학회. 2004
- 한일 예비교사의 다중지능과 친사회적 행동의 관계연구. 한국영유아보육행정학회. 2004
- 프로젝트 스펙트럼에 의한 영역별 교육연구 프로그램. 한국영유아보육행정학회. 2003
- 프로젝트 스펙트럼에 의한 유아의 사회적 능력 발달 프로그램. 교육인적자원부. 2001
- 유아의 사회적 능력발달 프로그램 연구. 교육부. 2000
- 중지능 이론에 의한 프로젝트 스펙트럼 활동 유아의 사회적 능력발달 교육활동 자료. 교육인적자원부. 2000
- 갈등상황 토론학습이 아동의 추론 능력과 조망수용능력에 미치는 효과. 1998 외 다수

유아인성교육 

초판 1쇄 발행 2010년 4월 29일
초판 2쇄 발행 2014년 1월 15일

지은이 | 안영진
펴낸이 | 김기섭
편집인 | 최창숙
펴낸곳 | 창지사 www.changjisa.com
153-802 서울시 금천구 가산디지털1로 83 파트너스타워1차 (9F, B1F)
전화 (02) 719-2211~3
팩스 (02) 701-9386
등 록 | 1977년 4월 28일 · 제1-421호

ISBN 978-89-426-0568-2 (93370)

값 17,000원